民族之魂

慎而不葸

陈志宏◎编著

延边大学出版社

图书在版编目（CIP）数据

慎而不葸 / 陈志宏编著 . —— 延吉 : 延边大学出版
社 , 2018.4（2023.3 重印）
（民族之魂 / 姜永凯主编）
ISBN 978-7-5688-4536-6

Ⅰ . ①慎… Ⅱ . ①陈… Ⅲ . ①品德教育—中国—青少
年读物 Ⅳ . ① D432.62

中国版本图书馆 CIP 数据核字（2018）第 069824 号

慎而不葸

_____

编 著：	陈志宏	
丛 书 主 编：	姜永凯	
责 任 编 辑：	孙淑芹	
封 面 设 计：	映像视觉	
出 版 发 行：	延边大学出版社	
社 址：	吉林省延吉市公园路 977 号	邮编：133002
网 址：	http://www.ydcbs.com	E-mail：ydcbs@ydcbs.com
电 话：	0433-2732435	传真：0433-2732434
发行部电话：	0433-2732442	传真：0433-2733056
印 刷：	三河市同力彩印有限公司	
开 本：	640×920 毫米	1/16
印 张：	8	字数：90 千字
版 次：	2018 年 4 月第 1 版	
印 次：	2023 年 3 月第 2 次印刷	

ISBN 978-7-5688-4536-6
_____

定价：38.00 元

人有灵魂，国有国魂；一个民族，也有民族魂。

鲁迅先生曾经说过："唯有民魂是值得宝贵的，唯有他发扬起来，中国才有真进步。"

鲁迅先生以笔代戈，战斗一生，曾被誉为"民族魂"。

民族魂，顾名思义，就是一个民族的灵魂！民族魂，是一个民族的精髓，体现了一种民族的精神，是一个民族生存和存在的精神支柱。

什么是中华民族的民族魂？那就是中华民族精神！它是中华民族凝聚力的理念核心，是中华文明传承的基因。它包含热烈而坚定的爱国情感，对生活的美好愿望和追求，为目标努力奋斗的拼搏毅力，为正义事业不惜牺牲自己的精神，以及正确的人生观和价值观。

前 言

翻开浩瀚的中国历史长卷，我们可以看到数不胜数的，体现民族精神和民族魂的英雄人物和可歌可泣的感人故事。

民族魂，不仅体现在爱国主义精神和行动中，而且体现在各个领域自强不息的民族奋斗中。而中华民族精神的力量，更是深深植根于延绵几千年的传统文化之中，始终是维系中华各族人民共同生活的纽带，是支撑中华民族生存和发展的精神支柱，是不断推动中华民族前进的强大动力。

民族魂体现在"重大义，轻生死"的生死观中；民族魂体现在"国家兴亡，匹夫有责"的使命感中；民族魂体现在"我以我血荐轩辕"的大无畏精神中；民族魂

体现在将国家利益置于最高的爱国情怀中！

纵观中华五千年文明史，曾经有多少杰出的政治家、军事家、思想家、文学家、科学家、艺术家；曾经有多少忧国忧民、鞠躬尽瘁的仁人志士；曾经有多少抗击外敌、英勇献身的民族英雄。他们或顺应历史潮流，积极改革弊政，励精图治，治国安邦，施利于民；或为人类进步而不断进行着农业、工业、科技、社会等各种创新；或开发和改造河山，不断创造着灿烂的中华文明；或英勇反击外来侵略，捍卫着国家主权和民族尊严；或坚决反对民族分裂，维护国家的统一……他们从不同的侧面，体现了中华民族的民族魂，谱写了几千年中华文明的壮丽诗篇，铸造了中华民族高尚而坚不可摧的"民族之魂"。

民族魂，就是爱国魂。从屈原在汨罗江边高唱的《离骚》，到文天祥大义凛然赴死前的"人生自古谁无死，留取丹心照汗青"的诗句；从岳飞的岳家军抗击入侵金兵，到郑成功收复台湾；从血雨腥风的鸦片战争，到硝烟弥漫的十四年抗战，再到抗美援朝的隆隆炮声……哪个为国捐躯的英雄不是可歌可泣的？

民族魂，就是奋斗魂。从勾践卧薪尝胆，到司马迁秉笔直书巨著《史记》；从鉴真东渡传播佛法终在第六次成功，到詹天佑自力更生建铁路；从袁隆平百次实验成为"水稻之父"，到屠呦呦的青蒿素获得诺贝尔奖……哪个不是历经艰难，最终取得成功？

民族魂，就是改革献身魂。从管仲改革到商鞅变法；从王安石变法到百日维新……哪次变法图强不是要冲破旧势力的阻挠，或流血牺牲？

民族魂，就是创新魂。古有毕昇发明活字印刷，今有王选计算机照排；古有指南针、造纸术、火药、浑天仪、地动仪的发明，今有神舟号的相继飞天……哪个不是中华民族的智慧结晶？

自古以来，多少仁人志士为了维护人格的尊严和民族气节，以生命为代价！留下了"玉可碎不可污其白，竹可断不可毁其节"的称颂；有多少英雄豪杰，为理想和事业奋斗，面对死亡的威胁，大义凛然；有多少爱国壮士面对侵犯祖国的列强，挺身而出而献出生命。

伟大的中华民族孕育了五千年的辉煌，五千年的历史留下了璀璨的中华文明。

前 言

中国人的血脉流淌着顽强不屈的精神！我们的先辈用血汗和生命铸就了不朽的中华民族魂！换得如今中华大地的一片祥和安宁，换得我们现在的幸福生活。如今，我们要实现习近平主席提出的中国梦，依然需要我们秉承祖辈留下的这种"民族魂"。

青少年是国家的希望，亦是民族的未来。因此，爱国主义教育和励志图强教育要从青少年开始。为了增强对青少年的民族精魂和志向教育，我们精心编写了本套丛书——《民族之魂》丛书。

本套丛书将我国有史以来体现民族精神和民族魂的典型事迹，以通俗易懂的语言故事形式展现出来，适合青少年的阅读水平和欣赏角度。书中提供的人物和事件等故事，涉及社会的各个方面，有利于青少年学习和理

解，使读者能全方位地领悟中华民族精神。

为了帮助读者更好地理解和吸收故事的精神，编者在每篇故事后还给出了"心灵感悟"，旨在使故事更能贴近现实社会，让读者结合自身的需要学习领会，引发读者更深入的思考。

希望读者们可以从本套图书中获得教益，通过阅读，真正体会到中华民族之魂所在，同时能汲取其精华，不断提升自己各方面的素质和品格，为祖国新时代的建设和发展做出努力。

全套丛书分类编排，内容详尽，风格独具，是广大读者尤其是青少年爱国励志教育的优秀阅读材料。相信本套丛书一定可以成为青少年朋友的良师益友。

民族之魂

导言

　　"慎"，即谨慎、小心之意，它是君子修身的重要内容之一。"慎"字结构是"心"加"真"，即唯有用心，才能做到谨慎。古人一向以"慎"为荣。"慎"是一种严谨、虔诚、专注而忘我的警觉与准备。《国语》有："慎，德之守也。"《荀子·劝学》道："故言有招祸也，行有招辱也，君子慎其所立乎？"由此可见，"慎"使我们对所处之境、所居之地、所临之势作出周全的判断。谋而后动，避免了因率性行事而导致的危险情境。

　　谨慎首先从真心不自欺开始。因为"人之神，则天地之神，人之自欺，所以欺天地，可以不慎哉？"因此，当人有了不好的念头、不正当的言行时，都要审慎地想一想，这样做是不是违背了我们善良的本性？有了不自欺的慎行，就能用真诚之心，慎待他人，慎于应事。

　　古代名师诸葛亮的《前出师表》中有"先帝知臣谨慎，故临崩寄臣以大事也"的记述；曾子经常教育弟子要谨慎处世、远避祸患，直至达到"慎独"的境界。他认为，要成就一番事业，就必须谨慎从事。他教育弟子凡事要考虑后果，谋而后动，三思而后行。

　　在当今瞬息万变的社会里，尤其需要我们审慎地面对现实，谨慎地把持自己，才能不被五光十色的诱惑俘虏。因为，一念之差可能铸成大错。许多大罪起初不过因一点儿贪心、私欲、淫念存于心中，而最终却酿出极大的恶事来，因此断送了自己的前程，损害了家庭和社会的利益。因此，我们要不以物惑，不以情移，洁身自好，这样才能得到"慎"的品质，懂得"慎"的智慧才能有个美好的生活。

但是，也不能过于"慎"。过于小心即成怯弱，"慎"德也便转化为不德。畏首畏尾，胆小怕事，当言不言，当行不行，虽然慎之有余，却不足以成事。古人说："慎者，美德也，而过用之，则流于葸。"谨慎过头，失之于懦弱而致使一事无成，反而消解了"慎"德的应有价值，也违背古人提倡"慎"德的初衷了。按照孔子的理念，"慎"之为德，应以"礼"节之，即慎德必须限制在合"礼"的范围内。超出这一范围，慎德无"度"，便成为"葸"。因此，我们要把握好这个度，做到"慎而不葸"。

本书收集了我国历史上一些体现"慎而不葸"的经典事例，对传统道德内涵做了更深刻的阐述，使大家在阅读故事的同时受到教育和启迪。本书共分三篇，从不同方面阐述了这种精神，使读者从中了解其真谛，以对自己今后的生活、学业、工作、为人处世等方面有所帮助。

2

目录
CONTENTS

第一篇
成事者在有谋

长勺之战以静制动

曹刿（生卒年不详），即曹沫，一作曹翙。春秋时鲁国大夫（今山东省东平县人）。著名的军事理论家。鲁庄公十年（公元前684），他为抵抗齐军出谋划策，最终帮助鲁国赢得了长勺之战，遂被鲁庄公拜封为大夫。

中国古代春秋时期的"长勺之战"，是历史上后发制人、以弱胜强的著名战例。该战役发生于公元前684年（周庄王十三年），是春秋初年齐、鲁两国之间的一场会战。

公元前770年，周平王东迁洛邑，此后中国历史进入了诸侯争霸的"春秋"时期。齐、鲁两国是西周初年分封的重要诸侯国。

当时的齐国是姜太公吕望的封地，辖地包括今山东东北部地区，都城临淄（今山东淄博市东北）。这一带土地肥沃，自然资源较好，加之姜太公立国后推行"因地制宜，发展经济""举贤而上功""修道法""礼法并用"等一系列比较得力的富国政策，使国家的经济实力不断增强。从西周至春秋，齐国一直是东方地区实力雄厚的大国。

鲁国位于现今的山东西南部地区，都城曲阜（今山东曲阜），与齐

国相比，疆域和国力都处于相对劣势。

齐鲁两国相邻，在当时诸侯争霸的局面下，必然发生矛盾，而矛盾的激化逐渐造成两国兵戎相见。长勺之战就是在这种齐强鲁弱的背景下爆发的。

公元前686年冬天，齐国发生宫廷叛乱，齐襄公的堂弟公孙无知杀死了襄公自立为君。数月后，齐臣雍廪又杀了公孙无知，齐国一时处于无君状态。

当时流亡在外的公子小白及其兄公子纠都想继承君位，君位争夺的结果是公子小白捷足先登，入国抢占了君位，他就是历史上赫赫有名的齐桓公，其兄公子纠在君位争夺中丢了性命，其谋臣管仲被齐桓公揽于麾下，成为齐桓公霸业的重要谋士之一。

鲁国在齐国这次内部叛乱中支持公子纠，出兵援助公子纠回国争夺君位，但乾时之战鲁国损兵折将，这一行为也导致齐、鲁之间矛盾进一步激化，齐桓公对此更是怀恨在心。

公元前684年春，齐桓公巩固君位之后决定兴师伐鲁，以报当年鲁国支持公子纠之仇，并妄想一举征服鲁国，扩张齐国势力。鲁国国君鲁庄公听到齐军进攻的消息，决定与齐军一决胜负。就在鲁庄公准备发兵应战时，一位名叫曹刿的人入见鲁庄公，要求为战事谋策。曹刿问鲁庄公，想靠什么让全国人民和你一起与齐国作战？鲁庄公说："我把物质的东西比如衣物食品之类分赐给臣下。"（意思是：臣下因此会认真为国家效力）

曹刿指出，这样做是小恩小惠，不能施及全国，民众不会出力作战。鲁庄公又说："我对神明是虔敬的，祭祀天地神明的祭品从不敢虚报。"（意思是：因为我对上天虔诚供奉，老天会保佑我胜战）

曹刿认为，对神守点小信，未必能感动神明，神也是不会降福的。

鲁庄公又说，自己对待民间的大小狱讼，虽然不能做到明察秋毫，但必定会合情合理地处理。

曹刿说，这倒是尽到了君主的责任，为老百姓办了好事，具备了同齐国决一胜负的基本条件。曹刿请求随同鲁庄公奔赴战场，鲁庄公允诺，并让他和自己同乘一车前往长勺。

鲁军根据齐强鲁弱的现实情况，准备在对自己有利的地方——长勺（今山东曲阜北）迎击来犯的齐军。两军布阵完毕，鲁庄公准备传令擂鼓出击齐军，想能先发制人以制胜。曹刿则认为不能贸然出兵，建议鲁庄公坚守阵地，以逸待劳，伺机破敌。鲁庄公接受了曹刿的建议，暂时按兵不动。

齐军求胜心切，自恃有强大的兵力优势，便主动向鲁军发起猛烈进攻。但接连三次出击都在鲁军严密的防御下受到挫败，造成战力衰落，斗志沮丧。曹刿见时机已到，建议鲁庄公反击。庄公令全线出击，鲁军士气高昂，一鼓作气冲垮齐军的车阵，大败齐军。

庄公见齐军败退，欲下令追击，又被曹刿劝阻。曹刿下车仔细察看，发现齐军的车辙痕迹紊乱；登车远望，看到齐军的旗帜东倒西歪，确定了齐军确是败溃，这才建议鲁庄公追击。于是鲁庄公下令追击齐军，将其赶出了鲁国国境，鲁军至此取得了长勺之战的最终胜利。

战争结束后，鲁庄公向曹刿询问取胜的秘诀。曹刿说："用兵打仗所凭恃的是勇气。第一次击鼓冲锋时，士气最为旺盛；第二次击鼓冲锋，士气就衰退了；到第三次击鼓冲锋，士气便完全消失了。齐军三通鼓罢，士气已完全丧尽，而相反我军士气却十分旺盛，这时实施反击，自然就能够打败齐军。"

接着，曹刿又说明没有立即发起追击的原因，他说："齐国毕竟是实力强大的国家，不可等闲视之，而要谨防其佯败设伏，以避免己方不

应有的失利。后来看到他们的车辙紊乱，旌旗歪斜，这才大胆地建议实施追击。"这番话说得鲁庄公心悦诚服，点头称是。

□故事感悟

从曹刿战前决策、战场指挥和战后分析的诸多言行里，我们可以看到鲁军取得长勺之战胜利的关键就是谨慎谋划，以静制动。在作战中，鲁庄公能虚心听取曹刿谨慎而行、先谋后动的建议，不急于出兵，而是遵循后发制人、敌疲我打的积极防御以及适时反击的方针，正确地选择战场，正确地把握反攻和追击的时机，从而牢牢地掌握了战争的主动权，赢得胜利。

□史海撷英

曹沫劫齐桓公

古代春秋时期的鲁国，有一位以骁勇著称的猛将曹沫，被鲁庄公欣赏重用，封为将军带兵与齐国作战，但在作战中却多次战败。鲁庄公因屡屡战败，决定将属地"邑"割让给齐国求和结盟。鲁庄公依然让曹沫做将军。

齐桓公同意与鲁庄公结盟，在名为"柯"的地方举行结盟仪式。齐桓公和鲁庄公在坛上结盟后，忽然，曹沫手拿匕首挟持齐桓公，这意外举动使齐桓公的侍从毫无防备而不能护主。齐桓公问曹沫："你想干什么？"

曹沫说："齐国强大而鲁国弱小，可你们齐国恃强凌弱而侵略鲁国太过分了。现在鲁国都城的城墙倒下来就会压到齐国的边境（注：喻为齐国侵占鲁国地方太多）。您还是好好考虑一下该怎么办吧。"

齐桓公只好答应把侵占鲁国的国土全部归还。齐桓公说完后，曹沫扔下匕首回到自己一方的阵营，若无其事地坐在群臣之中。齐桓公很生气，想违背刚刚的诺言。谋臣管仲说："您不能这样做。如果为了贪图小利使自己痛快，就会在诸侯间失去信义，最终失去天下的援助，不如把土地还给他们。"

于是，齐桓公把侵占的鲁国土地归还了鲁国，其中曹沫三次战败所失去的土地也全部回到鲁国。

曹沫靠智慧和勇气，趁齐、鲁结盟之时挟持齐桓公，迫使齐国归还土地，从而维护了鲁国的尊严和领土权。

■文苑拾萃

一鼓作气

一鼓作气：一鼓：第一次击鼓；作：振作；气：勇气。第一次击鼓时士气振奋。比喻趁劲头大的时候鼓起干劲，一口气把工作做完。

这个成语出自《左传·庄公十年》："夫战，勇气也。一鼓作气，再而衰，三而竭。"古代作战击鼓进军，擂第一通鼓时士气最盛。后多喻趁锐气旺盛之时一举成事或鼓足干劲，一往直前。

赵奢用计解"阏与之围"

赵奢（生卒年不详），战国时代东方六国的八名将之一。最初为战国时赵国官吏。由于不满平原君家拒绝缴纳租税，赵奢按律治罪，前后杀死了其从事者九人。平原君大怒，要杀赵奢。赵奢最终说服了平原君，平原君因此认为赵奢是贤才，提拔他为治理全国赋税的总管，后来被任用做将军。赵奢悉心治军，对下严而和，凡有赏赐，必分给部属。

秦国为了攻打韩国，先占领了赵国的属地阏与。

赵王召见大将廉颇，问："我想派兵救援阏与，贤卿看能否救得了？"

廉颇回答："路途遥远加上道路艰险，很难救援。"

赵王又问大臣乐乘，乐乘的意见与廉颇相同。最后，赵王又问战将赵奢，赵奢回答："阏与确实离国都很远，地势也确实艰险狭隘，派援军与秦军交战，就好像两只老鼠在洞穴里打斗。不过大王如能派一员勇将，仍旧能击溃秦军获得胜利。"

于是，赵王派赵奢率兵营救阏与。

赵奢率军行进到距邯郸30里的地方停下，下令说："凡敢以军事进谏者，不论官阶高低，一律处死。"

当时，秦军驻扎在武安的西方，战鼓响彻云霄，士兵喊杀的声音，几乎把武安城内的屋瓦都震下来。有一名斥候建议赵奢："请将军发兵救武安。"赵奢立即将他处死，并下令全军加强防御，一连28天按兵不动，只是加强防守。

秦军派间谍混入赵营刺探情报，赵奢知道后不仅没有逮捕他，反而招待他吃喝，又送他回去。间谍回到秦军后把看到的情况如实汇报，秦军将领十分高兴，说："赵军刚离开国境30里，就畏惧不敢前进，只是筑垒挖沟，看来赵国是要把阏与拱手送给我国了。"

赵奢送走秦军间谍后，立即下令士兵整装急速向阏与推进，仅一天一夜，大军就到了距阏与50里处扎营，部署阵势。

秦军接到赵兵临近的情报后，立即开始对赵兵做全面进攻。赵国军士许历对赵奢说："秦人绝对料想不到我军兵马会在这么短的时间内到达此地，他们此次的攻击一定来势凶猛，将军一定要严阵以待。否则，这一仗必败。"赵奢同意了许历的建议，加强防守。

开战前，许历又说："两国军队谁能先占领北山头，谁就胜利，谁迟一步谁就失败。"赵奢采纳了他的建议，派一万名士兵占领北山头。当秦军攻占北山头时已迟了一步。

这时，赵奢下令全面攻击，大败秦军，成功地解除了阏与之围。

■故事感悟

多用兵不如巧用计，赵奢深知这一点。再加上他知道所要救的阏与离国都远、地险，且对手强，所以要成功就不能硬来。因此，他是慎之

又慎，做好一番谋划。很显然，按兵不动、加强整饬防备、迷惑敌方间谍，这些计谋起到了很好的掩护作用。结果时机一到，立马出击，成功解围。这就是智者，看清形势，想清楚后行动，那成功自然就是水到渠成的事情了。

□ 史海撷英

赵奢驳田单

田单和赵奢分别是战国时期齐国和赵国的大将。在历史上，他俩有一次非常著名的军事论辩。

一天，田单对赵奢说："我很佩服将军的兵法，但我不欣赏将军作战只能以兵员众多而取胜。过去帝王用兵，所用人数不过几万，就征服了天下。现在将军一定要带领10万、20万的兵力才能取胜，这是我所不服之处。"

赵奢听了田单的话后，认为田单并不懂得用兵之道，他决定向田单详细阐述时势变化与作战方式、战争规模之间的关系。他说："古时候，四海之内分为很多个国家。即使是个大城，方圆也不过300丈，人口再多也不过才3000户左右。但是，现在形势变了，古代的诸国变成现在的七个国家，一个城市面积就有千余丈，一个县就有万户之多。时势已发生了很大变化，战争的形式和规模也必须有相应的改变。例如，齐国以20万的兵力攻荆，用了五年时间才结束。赵国以20万的兵力攻中山，用了五年时间才回来。齐国和韩国实力相当，如果要进攻韩国的话，难道用3万的兵力就行吗？3万的兵力去包围那千丈的城池，连城的一角都围不住；3万的兵力用于作战，也不能实行包围战术，这种情况你怎么办呢？"

赵奢的一席话，说得田单连连称是，非常佩服。

赵奢

（宋）徐钧

北山据险最能兵，中外俱闻马服名。
满谓将门还出将，不知有子误长平。

李牧伺机出兵击匈奴

李牧（？—前229），嬴姓，李氏，名牧，华夏族，战国时期赵国柏人（今邢台市隆尧县）人。战国时期赵国的将领，战功显赫，生平未尝一败仗。与白起、廉颇、王翦并称战国四大名将。

李牧是战国时期赵国人，是赵国戍守北方边境的大将，因战功被封为武安君。

公元前309年，赵武灵王时期，下令推行"胡服骑射"，进行了一系列改革，军事力量逐渐强大，屡败匈奴等北方胡人部落。但是，到了惠文王时期，匈奴各部落军事力量逐步强大起来，开始不断骚扰赵国北部边境，赵惠文王派李牧带兵在北部戍边。

在抗击匈奴的斗争中，李牧表现出杰出的军事才能。

首先，为了有利于战备，李牧征得赵王同意，使自己有权设置官吏，且本地的田赋税收全部归帅府用作军事开支。

其次，他针对赵军和匈奴军的特点，采取了一系列军事经济措施：

第一，他完善了边防线的烽火台，派精兵严加守卫；

第二，增加情报侦察人员，完善情报网，及早预警；

第三，密切官兵关系，厚遇士兵，每天宰杀几头牛犒赏士兵，精练骑马射箭战术。

全军战士由于待遇优厚，士气高昂，人人奋勇争先，愿为国家出力效劳。

针对匈奴骑兵机动灵活、战斗力强的特点，以及匈奴兵以掠夺为作战目的和军需靠抢掠补充的特点，为使敌骑兵徒劳无获，李牧命令部队坚壁清野，并示弱于敌，以麻痹强敌，伺机出击。为此，还严明军纪："匈奴入盗，急入收保，有敢捕虏者斩。"所以每当匈奴入侵边境，烽火台有报警，李牧便下令士兵立即收拾物资退入城堡固守，从不出战，使匈奴无从掳掠。

这样过了几年，李牧不仅没有人员伤亡，也没有损失过任何物资。

时间一长，匈奴以为李牧胆小怯战，根本不把他放在眼里了。就连赵国的士兵们也私下议论，认为李牧胆小怯战，有的还愤愤不平。李牧一意坚守不主动出击的消息传到赵王那里，赵王派使者责备李牧，要李牧出击。李牧也不作解释，依然我行我素。匈奴一来，即深沟高垒，坚守不出。匈奴每次前来抢掠都一无所获而归。

赵王得知李牧依然防守不战，认为他胆怯无能，灭了自己的威风，立即将李牧召回，派另外一员将领来替代。新将领一到任，每逢匈奴入侵，就下令军队出战。但几次都失利，人员伤亡很大，而且边境不安，造成百姓无法耕种和放牧。

赵王又派使臣请李牧复职，李牧声称有病，闭门不出，不肯就任。赵王只得下令要求李牧出山。李牧对赵王说："国王一定让我去，我还像以前那样做，如果您同意我才能去。"赵王只好答应了他的要求。

李牧又来到雁门，坚持按既定方针办，下令坚守。几年内匈奴多次入侵，都一无所获，但匈奴总以为李牧胆小避战。其实，李牧

早已定下诱敌深入、设伏全歼的计策，对种种屈辱骂名置之不理，而戍边的将士们天天得到犒赏，却没有出力的机会，都希望能在战场上效力。

李牧看条件成熟了，于是开始筹备作战，他严格挑选出1300辆战车和13000匹精壮的战马，又选出5万勇敢善战的士兵，10万优秀射手之后，把挑选出来的车、马、战士重新编队，进行联合作战训练。公元前244年春天，一切准备就绪之后，李牧让百姓到处放牧，引诱匈奴来犯。

不久，情报员送来情报，有小股匈奴到了离边境不远的地方。李牧派一支小部队出战，假装败于匈奴兵，丢下数名百姓和牛羊作诱饵让匈奴俘房。匈奴单于听到战报十分高兴，因久无缴获，于是率领大军侵入赵国边境，准备大肆掳掠。

李牧从烽火台报警和情报员报告中了解到敌情，提前在匈奴军队的来路上埋伏了奇兵，等待匈奴大部队的到来。李牧为消耗敌军，先采取守势，采用"战车阵"从正面迎敌，有效地阻碍和拖延了匈奴骑兵的行动；步兵集团则居中阻击，让弓弩兵轮番远程射杀匈奴兵，将骑兵及精锐步兵控制于军阵侧后。

当匈奴军的进攻受挫后，李牧乘势将精锐部队由两翼插入作战，对匈奴军发动钳形攻势，将匈奴军包围。经过几年养精蓄锐且训练有素的赵军将士们，早已摩拳擦掌，他们英勇地杀向敌军。结果，10万匈奴骑兵几乎全军覆没，匈奴单于仅带了少数亲随仓皇逃窜。

李牧此次大败匈奴之后，乘胜之势横扫了赵国北部的匈奴属国，消灭襜褴、攻破东胡，并收降了林胡，迫使单于向北方逃去，彻底清除了赵国北方的忧患。这次战役后，在十几年之内，匈奴兵都没有再入侵赵国边境。李牧成为继廉颇、赵奢之后，赵国最重要的将领。

李牧在作战方略上谋划全面、周详、得当，而且富有针对性。李牧对时机的掌握非常准确，开始抵御匈奴时，因时机不成熟，就是不出击，即便被称胆怯，遭受赵王责备、罢免，也不改初衷。但当赵军训练成熟，装备完善，纷纷请战，而匈奴兵将心高气傲、大举入侵时，他便果断出击，一举全歼匈奴骑兵。其实，李牧的这些表现，归结起来就是一个"慎"字，就是这样的小心谨慎、谋而后动的做法让他取得了成功。

李牧被害

赵王迁四年（前232），秦军再次出兵攻赵国属地"番吾"（今河北平山县），李牧奉命出击，虽大败秦军，但赵国的军力损失也很大。当时韩国、魏国已听命于秦国，跟随秦军一起攻打赵国，李牧又向南进军，抵御韩、魏的进攻。

赵王迁七年（前229），秦国大将王翦大举进攻赵国，率兵直下井陉（今河北井陉县），杨瑞和率河间兵进攻赵国都城邯郸。赵国派李牧、司马尚倾全军抵御，一直相持到第二年。

当时，赵国由于连年战争，加上北部地震造成的大面积饥荒，国力已很衰弱，而更大的忧患在朝中。昏聩的赵王迁，对曾诬陷过廉颇的秦国间谍郭开宠信不疑。秦国在战场上不能速胜，于是使用反间计，重金贿赂郭开，让他诬告李牧、司马尚谋反。赵王迁不分青红皂白，立即派赵葱和齐将颜聚取代李牧。

李牧为了国家安危和军民利益而拒交兵权，继续奋勇抵抗。赵王、郭开使用暗计，乘李牧不备将其捕获并杀害，同时罢黜了司马尚。三个月后，

王翦大破赵军，杀死赵葱，俘虏了赵王迁及颜聚，攻取邯郸，从而灭掉了赵国。

　　李牧是战国末期东方六国中最优秀的将领之一。他的无辜被害，使后人无不扼腕叹息。胡三省注《通鉴》时，曾将李牧的被害与赵国的灭亡联系在一起说："赵之所恃者李牧，而卒杀之，以速其亡。"

■ 文苑拾萃

五哀诗·李牧

（宋）司马光

椎牛飨壮士，拔距养奇材。
虏帐方惊避，秦金已暗来。
旌旗移幕府，荆棘蔓丛台。
部曲依稀在，犹能话郭开。

汉文帝当朝善谋略

刘恒（前203—前157），汉朝的第三个皇帝（不包括两位汉少帝的情况下）。汉族，汉高祖刘邦第四子，母薄氏，汉惠帝之庶弟。在位23年，享年46岁。葬于灞陵（在今陕西省西安市灞桥区白鹿原东北角）。其庙号太宗，谥号孝文皇帝。也是《二十四孝》中亲尝汤药的主角。汉文帝在位期间，是汉朝从国家初定走向繁荣昌盛的过渡时期。他和他儿子汉景帝统治时期，政治稳定，经济生产得到显著发展，历来被视为封建社会的"盛世"，被史家誉为"文景之治"。

稍微了解一些中国历史的人都知道，汉朝有一个经济繁荣、社会安定、人民安居乐业的时期，这就是汉文帝和他的儿子汉景帝在继承了汉高祖刘邦开创的基业后，励精图治而缔造的黄金时期，被后人称为"文景之治"。

吕后专政期间，文帝刘恒还只是代国的诸侯王，此时的他没有像其他一些诸侯王那样沉迷于享乐，而是时刻关注着局势的变化。当专权的吕后让他迁封内地时，他以"愿为国家长久守边"为理由，既没有中被

控制的圈套，又委婉地拒绝了吕后。因此，刘恒躲过了被吕后谋害的命运。

在吕后之乱被平定后，大臣们开始商讨拥立皇帝问题。惠帝的几个儿子被众臣认为不是刘氏后代，不能立，而且均被周勃等人诛杀。此时，刘邦只剩下刘恒和刘长两个儿子。此外，有可能继位的还有朱虚侯刘章，因为在灭吕氏时他立功最大，所表现出来的果断和勇猛，使周勃、陈平等重臣感到不安。

经过反复商量，众臣决定拥立当时以"贤圣仁孝"著称的代王刘恒为帝，这就是汉文帝。刘恒得知这个消息后，他担心有诈，所以行事非常谨慎。他并没立即答应登上王位，而是和自己王府的近臣们商量了方案：他先以病为由推脱了几次，争取时间静观其变；同时，派人到京师朝廷打探，以确认真伪。经多方证实，他确定局势已定，朝廷的大臣们真心要拥立自己为帝，才动身来到京师。到了京城，刘恒依然再三推让，最终被众臣拥立为天子，顺利登上了皇帝宝座。

面对由代王到天子的转变，刘恒在表面上没有表现出特别的喜悦，而是静观事态发展。当自己的亲侄子被大臣们诛杀时，他依然沉默，喜怒不形于色。

由于汉文帝是"吕后之乱"后在群臣的拥立之下登基，所以地位并不稳固，某些功臣居功自傲，加之此时人心浮动，如果事情处理不当，会使国家重新陷入动荡不安的局面。在当时错综复杂的形势中治理国家，汉文帝时常不动声色，谋而后动，表现出了杰出的政治才能。

刚登上王位时，汉文帝深知王位根基不牢固，所以处事十分谨慎。他担心自己做事稍有不妥会引得重臣的不满，所以对待朝廷的老臣们处处以礼相待，十分恭谦，甚至到了让一些大臣看不惯的地步。袁盎建议汉文帝不能这样对臣下，应该有君臣之别。汉文帝从袁盎的建议里了解到大臣们的想法，上朝开始变得威严了。

汉文帝善于谋略和为人，能够很好地调节与众臣的关系，对他们既有所辖制，但程度又在他们可以接受的范围内。

周勃是功臣中最难对付的一个。刘恒刚到长安时，周勃就向他奏报，说自己有话要与他单独谈，这明显是周勃居功自傲，想与刘恒谈条件。一般来说，臣子对君王如此无礼，君王都会生气，但刘恒却不动声色，以一句"天子不能有私语，有事情可以朝堂上说"将周勃的发难挡住。这样，既回绝了那些居功自傲的大臣邀功或其他企图的谈话，又向大臣们展示了自己开张圣听的姿态，回答得委婉而庄重。

在得知周勃并不是忠心的可用之人后，汉文帝有了夺其权的想法。但是，因当时周勃党羽众多，不能公开罢免他，以免引起其党羽生事。汉文帝为制服周勃而想了一个办法。

一次上朝时，汉文帝在朝堂上问周勃几个问题，周勃被问得很紧张，浑身是汗，但一个问题也答不上来。接着，汉文帝问大臣陈平同样的问题，陈平圆满地回答了这几个问题。

汉文帝用这个办法暗示周勃，让他知道自己不适合这个职位，最好自动引退。周勃经人提醒后，主动辞官。之后，汉文帝又多次用软刀子压制周勃，迫使他回到自己的封地。周勃回到家中，每天提心吊胆，穿着盔甲度日，生怕有人谋害他。后来，因事被人举报而入狱，周勃托人到太后那里求情，文帝顺水推舟把周勃放了。

上面这个事情，是文帝打击以周勃为代表的功臣派的一个手段，并没打算杀他，只是想让这些大臣明白君臣界限，不要有非分之想。打击了周勃以后，此事对其他大臣自然起到了杀鸡儆猴的作用。通过一系列的措施和手段，汉文帝的政权逐步得到了巩固。

■故事感悟

面对王位的诱惑，汉文帝谨慎地观察而后受；刚登王位，对臣子恭敬礼对，大家有目共睹；对不能为己用的大臣，展示了以退为进的政治谋略。这一步步棋走得谨慎而平稳，正是这样的勇气和谋略让他成就了一番大业。

■史海撷英

汉文帝拒奢尚俭

汉文帝刘恒是中国历史上为数不多的、真正提倡节俭的皇帝之一。根据史书记载，汉文帝在位时生活十分朴素，经常身着粗袍；他为自己修建的陵墓全用泥瓦，连墓室装饰也明令不许使用金、银、铜、锡等贵重金属；他最宠幸的慎夫人，也随着文帝过着简朴的生活，平时的装束不是一般贵夫人那样的拖地长裙，而是像劳动妇女的短衣打扮，所居住的室内帷帐，也没有绣龙描凤的纹饰等，非常朴素。

一次，汉文帝想在宫内修一座露台，他向工匠打听所需花费。当工匠告诉他修成需要百金时，汉文帝马上感叹："百金，是中等人家十个家族的资产了。"于是，放弃了原先的打算。

汉文帝不奢侈而崇尚勤俭，并不是他没有欲望，而是他不敢（或说不愿）放纵自己。当时，国家刚刚摆脱兵祸战争，神州大地满目疮痍，犹如一片废墟，国库空空，国家财力极其贫弱，皇帝出巡时连一辆像样的马车都找不到。平民百姓更是生计艰难，一遇灾年，千里荒野，遍地是被饿死的尸体，老百姓只能把妻子和孩子卖掉或遗弃，过着颠沛流离的生活。

面对经济状况的恶劣，汉文帝采取了一系列稳定局势的措施，如减轻赋税、抑制商人而扶植农业、招募百姓返乡务农等，很快使濒临崩溃的国家经济有了一些生机。与此同时，在宗室列侯中，却有一股不正风气悄然增长，这就是他们的骄奢淫逸。他们为了满足自己的私欲，以增加封国内百姓的负担为代价，使稍稍喘息的百姓又坠入了艰难的生活中。汉文帝果断地推行节俭之风，以抵制奢靡的侵害，并且身体力行，以此影响官风乃至民风。

据史书记载：汉文帝当朝的23年中，皇宫内的建筑以及所用的车马等没有增加。这些都说明当时皇朝的节俭。史书中还记载：汉代能够兴旺，是因为扫除了过去的苛捐，让老百姓能够得到休养。到了孝文（即汉文帝）时期，更是推崇勤俭。到孝景（即汉景帝）时期，依然遵守父皇的习俗规定，他在位的十六年间，更是破除许多不良习气和风俗，使得黎民百姓日子过得很富裕。这样，终于造就了中国历史上为数不多的尚俭社会。

■文苑拾萃

汉文帝

（宋）王安石

轻刑死人众，丧短生者偷。
仁者自此薄，哀哉不能谋。
露台惜百金，灞陵无高丘。
浅恩施一时，长患被九州。

赵充国用兵慎谋划

赵充国（前137—前52），字翁叔。汉朝名臣、名将。陇西郡上邽人（今甘肃省天水市）人。为人有勇略，熟悉匈奴和氐羌的习性，汉武帝时候，随贰师将军李广利出击匈奴，率领七百壮士突出匈奴的重围。被汉武帝拜为中郎，官居车骑将军长史。汉昭帝时，历任大将军（霍光）都尉、中郎将、水衡都尉、后将军，将军，击败武都郡氐族的叛乱，出击匈奴，俘虏西祁王。汉昭帝去世后，参与霍光尊立汉宣帝，封营平侯。后来，任为蒲类将军、后将军、少府，神爵元年（前61），宣帝用他的计策，平定了羌人的叛乱，又进行屯田。第二年，诸羌人投降，赵充国病逝后，谥号壮。汉成帝派人给他画像追颂。

赵充国是西汉时期的上邽人，是一位能骑善射、骁勇多谋的军事家。他指挥作战很有谋略，训练军队每时每刻都为战备，没有战事时一定做各种坚固营垒的准备。每次战斗之前，都要先做计划而后开战，从来不会鲁莽行事。

神爵元年（前61）春季，汉宣帝决定派军队平定羌人的叛乱。这时，赵充国已是76岁的高龄，当宣帝派御史大夫丙吉去询问他应派谁担任统帅时，他回答说："还是让老臣我去赴死吧。"

宣帝又问："羌人目前的势力究竟有多大？要带多少兵去？"

赵充国说："百闻不如一见，军事上的事难以遥测。我愿先到金城（今兰州市西北）去，察看情况后才能提出作战方略。羌族虽说是人数较少的民族，但它背叛朝廷，是叛逆行为，注定会失败的，请陛下相信我能担当此任，您就不必担忧了。"

宣帝听他这样说，答应了他的请求。

赵充国率领一万多骑兵先到金城，准备渡过黄河向北进军。为了防备羌兵在汉军渡河一半的时候截杀，赵充国在夜间先派了三支部队悄悄渡过河，在河对岸建立阵地以掩护主力过河。第二天天亮，汉军全部渡过了黄河。

渡河之后，赵充国立即命令部队构筑营垒，严阵以待。很快，羌军的百余骑兵来到汉营附近，开始寻衅挑战。

赵充国传令全军，不得与敌人交战，许多将领建议出阵迎战，赵充国说："我军远道而来，人马疲惫，不能贸然出去迎战。敌方的骑兵都是轻装精兵，很可能是来引诱我们的小股前锋。我们既然是大军出征，就应该以全歼敌军为目的，而不要贪图小胜利。"

羌兵见骚扰半天汉军不出击，无奈转身离去。赵充国派人到咽喉要道四望峡（今兰州西南）侦察，发现那里没有敌人，于是赵充国避开正面寻衅的敌人，率军连夜穿过四望峡，直插到西部都尉府（今青海海晏）。

赵充国西部都尉府安营扎寨后，并不急于进攻，每天设酒吃肉犒劳将士，使全军斗志非常旺盛。而且，无论羌兵在营外如何挑战，汉军都坚守不出。

在西羌的诸部落中，最顽固强悍的是先零羌，而罕、开等其他部落都很弱小，他们是在先零羌的胁迫下与汉朝为敌。先零羌谋反之初，罕、开部首领靡当儿曾派其弟雕库来见西部都尉，陈述其本不愿反汉的态度，但正好遇到部分罕、开部落的人参与了反叛，西部都尉便将雕库扣留。赵充国到来后，下令释放了雕库，并当面安抚他，说："大军只杀有罪的人，你本无罪，我该放你回去，望你转告各部，速与叛乱者断绝关系，以免自取灭亡。现在天子有诏，对于参与反叛而能投案自首的人，或者协助官军逮捕斩杀叛匪的人，都一律免罪，凡能捕杀一个有罪的大贵族赏钱40万，中等豪绅15万，小富豪2万，壮年男子3000钱。"雕库听到这些十分高兴，当即表示唯命是从，而后返回部落。

赵充国的策略是以攻心为上，想通过安抚的办法分化瓦解敌人，打破其部落间的联盟，等到他们只剩下少数顽固分子时再出兵歼灭。

但是，汉宣帝及朝廷大多数官员都反对赵充国的做法。酒泉太守辛武贤向宣帝上奏本说："现在边郡部队都屯集在南山，北边空虚。而且塞外地区艰苦而寒冷，内地的人马很不适应，已经明显瘦弱。不如在七月上旬，带上30天的粮草，从张掖、酒泉分路出发，夹击活动在鲜水（今青海湖）一带的罕、开羌人，虽然不能消灭羌兵，也要抢夺他们的牲畜，俘虏他们的妻儿，再退兵。然后大军再不断地出击袭敌，这样必能震慑羌虏。"

汉宣帝赞同辛武贤的奏书，向陇西调集军队，同时把这个奏章交给赵充国，命他和校尉以下熟悉羌情的军官发表意见。

赵充国和长史董通年共同提出反驳意见说："辛武贤想轻率地带领一万人马，迂回千里去攻击罕、开，是不实际的。如果一匹马背负30天的粮食，再加上衣装兵器，是难以快速追逐的。况且，即使汉军辛辛苦苦地赶去，飘忽的羌兵或者撤退、藏匿，或者据险扼守，截断汉军粮道，汉军岂不徒劳无功？"因此，赵充国仍然坚持团结罕、开，只讨伐首恶先零羌的主张。他认为，只有先把先零羌杀了，才能以此来震慑住罕、开等部落，使他们知道悔过而改正，这才是全师保胜安边的办法。

宣帝和大臣们看了赵充国的奏章后，都表示反对。大臣们认为，先零羌兵势强盛，又得到罕、开的帮助，不先解决罕、开，根本无法对付先零羌。于是，汉宣帝下诏斥责了赵充国，同时，任命许延寿为强弩将军，辛武贤为破羌将军，命他们率兵攻打罕、开，速战速决。

赵充国得到宣帝责备的诏书后，并不计较个人得失，他觉得将领带兵在外，应该根据实际情况坚持自己的正确意见。于是，他再次上书宣帝，陈述自己对这次军事行动的见解，劝宣帝收回成命。他提道："先零羌起兵入侵有罪，但罕、开羌并未入侵边境。现在，放开有罪的一方不管，而去讨伐无辜的一方，势必多树了一个仇敌，形成两处祸害。如果先打罕、开羌，先零羌必然发兵援助，这样一来，不仅巩固了他们之间的联盟，而且使敌兵成倍地增加，攻战难以奏效，甚至事倍功半。"这次，赵充国实事求是而言辞恳切的奏书终于说服了宣帝。

不久，赵充国引兵攻打到被先零羌占据的地区，先零羌猝不及防，丢下所有的辎重物资，仓皇逃跑。由于道路狭窄，人多拥挤，敌军乱作一团。众将领向赵充国建议："我们应该乘胜追击，给敌人秋风扫落叶般的打击，请将军赶快下令吧！"

赵充国却回答说："此乃穷寇，不宜追击。"于是，率军慢慢驱赶先零羌兵。先零羌兵除了淹死、被杀和投降汉军的几百人外，七八千的主力人员都安全地渡过了湟水。

赵充国又带兵到了罕、开驻扎的地区，严令士兵不准侵扰，部落首领靡当儿到汉军营地诚恳地说："汉兵果然笃守信义，不打击我们。"并一再表示愿听朝廷约束，回到自己的地盘里。

赵充国虽然打败了先零羌，但是并没有彻底征服对方。先零羌的主力屯集在湟水以西，随时可能卷土重来。这时，赵充国染病在身，为了确保边防的安全，他向皇帝上奏"屯田之策"：撤退骑兵，留一万步兵在边郡驻守，同时从事农垦，以农养战，以战护农，兵农一体，使军队能够自给自足。

但是，这一建议又遭到多数朝臣的反对。宣帝依从了大臣们的建议，派将军辛武贤与赵充国的部队合作进攻先零羌。看到皇帝让进军的命令，赵充国的儿子赵昂有些害怕，托人劝说父亲放弃自己的主张，赶快执行皇帝的旨意，说："如果不按照皇上的意思办，御史来责怪将军，将军自己都不能自保了，哪还能顾及到国家的安危呢？"

赵充国斩钉截铁地回答："我就是要以死来坚持自己的主张，对圣明的皇帝，应该以忠言相告。"

于是，他又向皇帝呈上关于屯田戍边的奏折，详细阐述了国家、军队和边防的关系。他指出："就物资财力方面讲，现在我的军队，每月需要谷子19.9630万斛，盐1693斛，干草和麦秸25.0286万石，全靠内地转运，战事一天不解决，征税、劳役就不能停止。就边防而言，目前的紧张局势不仅仅是羌族问题，羌族问题如不从根本上解决，四邻小国还会互相影响而发生变乱。我们的军队要想立于不败之地，贵在运用谋略，尽量避免正面冲突；想在战场上取得胜利，应该先创造敌人必败的条件，我们才能稳操胜券。如今，羌军内部离心离德，想来归降的人与日俱增。英明的皇上如能在这种时候决定罢兵屯田，恩威并施，用不了多久就能取得全面胜利了。"

与此同时，赵充国再次提出"班师罢兵，万人留田"的建议，并具体陈述了屯田的12条好处，可归纳为三个方面：第一，政治方面，可以产生震慑敌人的重大影响；同时，可减轻国内劳役，使百姓获得喘息的机会。第二，经济方面，屯田士兵生产的粮食可以自给自足，节省了国家巨大的开支，不仅不用朝廷从很远的地方送来粮食，还可以有剩余粮食送入国库。第三，军事方面，以往由于供给不足，北部边陲一万余里的防线上只有几千将士，现在留一万名步兵屯田，有效地增强了边防力量，可以随时抵御外族袭扰。总之，留兵屯田之举，对内有节省国家经费的益处，对外有防备敌人的作用，是一个不必作战就能取胜的计策。

赵充国为了坚持"屯田戍边"之策，三次上书皇帝。他秉笔直书，极其鲜明地阐述了屯田的利弊。他的奏章送到朝廷后，每次皇帝都要召集群臣讨论。第一次表示赞同的人不足十分之三，第二次达到一半，而第三次则已有十分之八的人赞同他的意见了。就连开始持反对意见的丞相魏相也说："我们这些人不懂兵事，而赵将军的规划很有办法，我认为他的策略必定行之有效。"最后，汉宣帝终于批准了赵充国的屯田之策。

此时，许延寿和辛武贤二人仍然主张进击羌人，而宣帝也批准了，使两个方案共同实施，并且命令许延寿和辛武贤以及中郎将赵印会师进剿羌人。结果，许延寿收降羌人4000多名，辛武贤斩杀羌人2000多人，赵印斩杀、收降羌人2000多人，而赵充国兵不出营却收降了羌人5000多人。

这时，赵充国上奏说：羌人总共约有5万军兵，已经被杀7600人，投降3.12万人，淹于湟水和因饥饿而死的也有五六千人，现在逃跑的充其量不过4000兵马。而且，罕羌的首领表示，他们去杀先零羌的首领杨玉。赵充国请求班师回朝。宣帝答应了他的奏本，神爵二年（前60）赵充国凯旋。当年秋天，先零羌首领杨玉被部下杀死，其部属4000多人全部归降汉军。

赵充国告老请退，皇帝赐予他安车驷马。甘露二年（前52）十二月，赵充国病逝，享年86岁，谥号壮侯。

■故事感悟

赵充国是一个善于治军、谋划深远之人。在平叛战事中，他战必先谋，稳扎稳打，坚决采取招抚与打击相结合、分化瓦解、集中打击顽固者的方针，能和平解决的，决不诉诸武力，这完全符合《孙子兵法》中"百战百胜非善之善者也；不战而屈人之兵，善之善者也"的说法。至于屯田以养兵的计划，更是体现了他的深谋远虑。想当初，多少王朝都是毁在多年穷兵黩武，而不知养精蓄锐，最终国力衰弱，被别国轻而易举地吞并掉。可以说，赵充国不愧为一代名将，看得远，想得周全，做得谨慎，赢得漂亮。

■史海撷英

赵充国坚持说真话

在赵充国上奏屯田破羌决策被批准后的第二年五月，羌人的败亡已成定局。于是，赵充国又上奏请求撤回屯田部队，奏章得到朝廷批准，赵充国便整军率领部队返回京城。

好友浩星赐迎接并劝说赵充国道："众人都认为破羌将军、强弩将军领兵出击，大量斩杀、收降敌人，敌人因此败亡。然而有见识的人都认为，羌敌已经陷于困境，即使不出兵攻击，也一定会自来投降。将军见到皇上，应将功劳之于两位将军的出击，说自己不及二将军。如果这样，将军的通盘计划就完美无缺了。"

赵充国听了，愤慨地反驳道："我的年纪已经这么大了，爵位也非常崇高，岂能在这件事上因怕涉嫌自我吹嘘而去欺蒙圣明的君主？正确分析军事形势，制定高明战略，是国家的大事，应当成为后代效法的榜样。老臣若不在有生之年为陛下陈述这用兵的利害得失，倘若一旦突然死去，还有谁再来说这些话呢？"

赵充国终于按照自己的意思回答了皇上的策问。

皇上仔细考虑后，认为他的意见是对的，便罢免了辛武贤的破羌将军官职，派遣他回归酒泉太守任所，赵充国还是担任后将军卫尉。

□文苑拾萃

百闻不如一见

"百闻不如一见"：意思是说听到一百次，也不如亲自去看一次，耳听为虚，眼见为实，凡事要调查研究才能下结论。

这句话出自《汉书·赵充国传》："百闻不如一见，兵难遥度，臣愿驰至金城，图上方略。"

刘备借力三分天下

刘备（161—223），字玄德，涿郡涿县（今河北涿州）人，三国时期蜀汉开国皇帝，是三国时期著名的政治家、军事家，221至223年在位。谥号昭烈帝，庙号烈祖，史家又称他为先主。

东汉末年，群雄征战，逐鹿中原，其中，魏、蜀、吴三家之间的征伐更是连绵不断，战乱频繁。

魏国在曹氏的领导下，实行屯田政策，国力渐渐强大，实力远远超过了江南的吴国和占据四川的蜀国。吴国凭借长江之险和丰富的自然资源，也建设得国富民丰，日渐昌盛。唯有蜀国，虽拥有"天府之国"的肥田沃土，但周边不安，北面遭受曹魏的军事威胁，东面有孙吴的骚扰，南面又有南蛮的不断滋扰和侵夺，使得国运堪忧，这种状况让刘备和诸葛亮非常焦急。

诸葛亮分析了当时局势的利弊因素，对刘备说："如今敌强我弱，如果硬碰硬的话，肯定是我方吃亏。"

刘备问："难道没有办法了吗？"

诸葛亮道："曹魏用挟持天子的办法来指挥各诸侯国，各诸侯国没有人敢不服从，这是占了天时之利；孙吴凭借长江天堑，鱼米之富，划江而治，使它易守而难攻，是占据了地利；我方既失去天时又无地利，能够用来与魏、吴两国争锋的只有人和了。所以，我们应多施仁政，东面与孙权友好相处，联合孙权一起抵抗曹魏的进攻，一定能够确保南方无虞，吴、蜀两国平安无事。"

刘备听后，豁然开朗。他采纳了诸葛亮的建议，并派诸葛亮亲自到东吴去和孙权商量联合抗曹的事宜。

初时，孙权认为以自己的力量难以抵抗曹魏的攻势，他也不愿被曹操控制。但是，他又顾虑即使孙、刘联军也不能与曹操相匹敌。

孙权部下中，以鲁肃为代表的主战派和以张昭为首的主和派之间展开了激烈争辩。诸葛亮为孙权分析敌我双方的利弊，说："豫州（刘备）军虽然在长坂失败了，但现在生还的战士以及关羽水军精甲也有万余人，还有刘琦和江夏战士也有一万多人。"他还指出曹操的弱点，第一，曹操劳师远征，士兵疲惫不堪；第二，曹操士兵都是北方人，他们不善于水战；第三，荆州的老百姓没有真心服从曹操。诸葛亮的结论是：如果孙刘联合抗曹，一定可以取胜。

经过诸葛亮的一番斡旋，孙权终于同意与刘备联合，共同抗曹。这样一来，孙刘联军的实力大增。

赤壁之战爆发后，孙权命大将周瑜和程普为左右都督，鲁肃为赞军校尉。周瑜率精锐部队三万人，沿江而上至夏口，与刘备统军两万多人会合，共同抗曹。周瑜的军队在樊口与刘备会合后逆水而上，行至赤壁与曹军相遇。曹军新编的部队及荆州水军战斗力较弱，又遇到瘟疫流行，导致他们初战不利。曹操只得把军队转移到江北，把战船靠到北岸乌林一侧。这时，周瑜则把战船停靠南岸赤壁一侧，双方形成了隔江对峙的局面。

由于曹操的北方兵不习惯船上生活，曹操下令用铁索将战船连锁在一起，用以减轻风浪的颠簸。周瑜的部将黄盖提出建议，采用火攻战术来大败曹军，说："现在敌人人多而我们人少，这样很难僵持太久。但是，看到曹军的船舰都艏艉相接，倒是可以把它们烧了，然后再战。"

周瑜采纳了黄盖的建议，让黄盖诈降去接近曹操战船。黄盖准备了十艘舰船，上面满载柴草和膏油，外面用帷幕伪装，上面插着与曹操约定的旗号。

当时正是隆冬季节，大多刮北风，但按气象规律，几天严寒过后，经常会有几天比较温暖的天气，而此时风向也会变为东风或南风。

据说，十一月十二日甲子日（208年12月7日）这一天，晴空风暖，傍晚南风起，到了午夜风更加急促。黄盖用准备好的船舰开始出发，顺风驶向曹船，到了江的中心，黄盖手举火把，让众多士兵一起齐声大叫："投降啦！"

曹军官兵毫无戒备，都抻着脖子观望，指点着这些来投降的人。

当黄盖的船行驶到离曹军大约二里地时，黄盖下令点燃船上的柴草，同时发火，火借着烈风越来越猛，船飞快得像箭一样，把曹军的船只全部烧掉，大火蔓延到岸上的曹营。顷刻之间，烟火铺天盖地，曹操的人马被火烧和溺死了许多。赤壁一战，孙刘联军取得了胜利，孙刘联军击败了曹魏军团的进犯。此后，孙权和刘备与北方的曹魏集团形成了分庭抗礼的局面，奠定了魏、蜀、吴三分天下的最终格局。

□故事感悟

刘备若非借助东吴的力量来抵抗曹魏集团的进攻，相信很难有取胜的把握，毕竟在当时的三股力量中，他的实力是最小的。诸葛亮敏锐地看到了这一点，建议刘备联吴抗魏，真是高瞻远瞩的战略举措。而讲到刘备实施的这个计谋，就不能不讲一个"借"字的艺术。"借"，首先是借助人的力量，但往往不拘囿于人。趋势潮流，万事万物，只要能为我所用，都可以借来一用。能不能借，会不会借，关系到你的处事方式。借得对，就会大大有益于自己的理想和事业。刘备是幸运的，既然知道自身的力量无法达到自己想要的目的，硬拼是不明智的，所以他要谋。而谋的结果就是"借"，而且他"借"对了。

刘备白帝城托孤

关羽被东吴杀害以后，刘备异常悲愤，他报仇心切，竟然不听诸葛亮劝告而亲自率军出征攻打东吴，结果大败，自己也病倒在白帝城的永安宫。刘备知道自己的病难以治愈，便派人日夜兼程赶到成都，请诸葛亮过来，以嘱托后事。

诸葛亮留太子刘禅守住成都，带着刘备的另两个儿子刘永和刘理来到白帝城看望刘备。

当诸葛亮看到刘备的病状，急忙拜倒在刘备床前。刘备叫诸葛亮坐在身边，用手抚摸着他的肩背说："自从有了丞相的辅佐，我才能建立了今天这样的事业。但是由于知识浅薄，没听丞相的劝阻，遭到今天的失败，真是后悔万分。现在看来，我的身体也很难好了，而我儿子的能力还太弱，所以，我不得不将大事托付给你了。"

刘备说完，泪流满面。

诸葛亮也哭着说："望陛下保重身体。"

刘备用眼睛看了看左右的将官，见马谡也在身边，叫他暂时退出。对诸葛亮说："这人（指马谡）言过其实，不能重用，丞相对他要慎重考察。"

诸葛亮跪拜在地说："臣知道，臣一定谨遵圣谕！"

　　刘备叫身边的人扶起诸葛亮，握住诸葛亮的手说："阁下的才能高于曹丕十倍，一定能办成大事，如果刘禅可以帮助，你就帮助，实在不行，你就做两川之主。"

　　诸葛亮听到这话，立即哭拜在地说："臣一定尽力辅助太子，至死不渝。"说完，再次叩头。

　　刘备命令人草拟诏书给刘禅，写道："我死以后，你们兄弟要像侍奉我一样侍奉丞相，视丞相为父！"然后又嘱咐刘永、刘理二兄弟，让他们二人千万记住这些。说完这些话便昏迷过去，几天之后刘备撒手归天，死时62岁。

■文苑拾萃

咏怀古迹

（唐）杜甫

蜀主窥吴幸三峡，崩年亦在永安宫。
翠华想像空山里，玉殿虚无野寺中。
古庙杉松巢水鹤，岁时伏腊走村翁。
武侯祠堂常邻近，一体君臣祭祀同。

陆逊适时后发制人

陆逊（183—245），本名陆议，字伯言，吴郡吴县（今江苏省苏州市）人，是三国时代吴国的军事家、谋略家、政治家，吴王孙权称帝后被任命为丞相，在三国前期曾多次率领吴国军队抵御北方的魏国及西方的蜀汉。吴大帝孙权兄桓王孙策之婿，世代为江东大族。于222年率军与入侵东吴的刘备军作战，以火攻大破之。后因卷入立嗣之争，力保太子孙和而累受孙权责罚，忧愤而死，葬于苏州，至今苏州有地名陆墓。

赤壁之战后，刘备以周瑜划给他的地方太小，容不下前来投靠的刘表旧部为由，亲自前往东吴向孙权借荆州。而孙权这方呢，也打着让刘备当挡箭牌的如意算盘把极具战略地位的荆州借给了刘备。

既然说是借，那总要有还的一天吧！可人们却常说"刘备借荆州，一借永不还"。面对如此言而无信的刘备，孙权怎么可能轻易放弃荆州这块肥肉呢？于是他步步为营，棋高一招，最终将荆州收入囊中。

孙权夺取荆州的行动，使吴、蜀两个集团之间的矛盾激化起来。蜀汉章武元年（221）七月，刘备以替盟弟关羽报仇为名，派将军吴班、

冯习率兵四万，击破了李异、刘阿等部吴军，占领了秭归，准备东征孙权。

对此，大将赵云反对说："当前的主要敌人是曹魏而不是孙权。我们应当利用曹丕篡汉称帝之机，扩大反曹联盟，出兵占据关中，控制黄河、渭水上游，关中、关东的反魏势力必然会裹粮策马迎接我军。如果把主要敌人曹魏搁在一边，去和东吴作战，后果将是很不好的。"

孙权为了减少两国纠纷，也曾两次派使者向刘备求和，这一切，却全被刘备拒绝了。这位登基不到一年的皇帝，决心一举夺回战略重地荆州。

孙权求和不成，只好准备战争。为了防备魏军乘机进攻，他遣使向曹丕卑辞称臣，被曹丕封为吴王，暂时地解除了北方的威胁。吴军原统帅吕蒙已在荆州之战结束时病死。为了确保抗蜀战争的胜利，善于发现和使用人才的孙权，断然起用38岁的陆逊为大都督，统率朱然、潘璋、宋谦、韩当、徐盛、鲜于丹、孙桓等部共五万人马，溯江西上，迎战蜀军。

以前并无显赫战功的陆逊，一举成为东吴的统帅，这使一些久经沙场的老将和王亲贵戚们很不高兴，也很不服气，他们根本看不起陆逊，对陆逊的命令也不愿意服从。

为此，陆逊召集众将开会，他握着孙权亲授的大都督宝剑，严肃地对大家说："刘备天下知名，曹操都怕他，现已挥军进入我们境地，是个强大的敌人。各位应当团结一致，共同对敌。我虽然是个书生，但是吴王将统帅重任交给我，是因为我还有一点可取之处，这就是忍辱负重。然而，军队的纪律是不能破坏的，大家必须各负其责，服从指挥。如果再有违犯军令者，一定要严厉惩处。"

诸将虽然不满，迫于军令，只好服从。

蜀汉章武二年（222）正月，刘备决定亲率大军由秭归大举东下。另一将领黄权向刘备建议说："吴军战斗力强，我军顺流东下，进易退难，请让我作先锋试攻，陛下应率主力殿后，较为稳妥。"

刘备对这一建议又拒绝了。他以黄权为镇北将军，率领长江北岸诸军，防备魏军进击蜀军侧翼，自己率蜀军主力沿长江和南岸山岭，水陆并进，其势锐不可当。先锋吴班、陈式所部水军一举攻占夷陵。

初次担任统帅的陆逊看到，不论地形、兵力和士气，蜀军都占着显著的优势，如果急于迎战，吴军会吃大亏。因此，他大胆地实行了诱敌深入、等待时机、后发制人的战略方针，命令吴军从巫县（今四川巫山）一直退到夷道（今湖北宜都西，位于长江南岸）和猇亭（今湖北宜都北，位于长江北岸）一线安营扎寨，转入坚守防御，不和蜀军交战。

一些吴军将领本来就怀疑这位新统帅的指挥才能，现在看到他只知道一个劲地后退和坚守，终于忍耐不住，群起向陆逊请战。陆逊不动声色地说："刘备举兵东下，其势正锐，又凭高据险，很难一举攻破，即使攻破，也难获全胜。若出战不利，反而影响大局，不如奖励将士，多献计谋，等待形势变化。我们应当等到蜀军沿山岭行军，兵力难以展开，容易疲惫涣散时再出战。"

将领们听了半信半疑，怏怏而退。其实，陆逊面对强敌，先让一步，主动退出高山地带，把兵力难以展开的六七百里崇山峻岭让给蜀军，扼守要隘，避敌锐气，待机决战，这样指挥是很高明的。可是，吴军将领们不理解这一作战意图，以为陆逊是害怕敌人，因此各怀愤恨，流言蜚语，时有所出。陆逊仗有孙权的信任，以忍辱负重的精神，对此不予理睬。

二月，刘备率领大军进到猇亭，扎下了大本营。他自恃身经百战、兵多将广，完全不把陆逊这位初出茅庐的年轻统帅放在眼里。在这种情

绪指导下，他不断地分散着自己的力量。先是命令蜀军沿六七百里山岭接连设置了几十个营寨，摆了一个展不开的长蛇阵，后又分兵一部围攻驻守夷道的孙桓。

孙桓是孙权的侄子，立即向陆逊求救，部将们也强烈要求分兵救援。陆逊坚决不同意，他对部将说："孙桓深得部下拥护，夷道城防坚固、粮食充足，不会失守，只要我的计策施展，其围可不救自解。"将领们因此对他更加不满了，对此，陆逊仍然置之不理。

刘备本想先发制人，一举打败吴军。可是，陆逊却坚守不战，这使刘备非常恼火，就天天派人到吴营外辱骂挑战，陆逊只是不理。刘备见激将法不行，就改用诱敌法，他将8000多名精兵埋伏在山谷之中，而令吴班率领几千名老弱残兵在吴军营地前的平地上扎营。

吴军将领们一见有机可乘，纷纷请求出击。陆逊制止说："大家不知刘备兵法之妙，此举必定有诈，看一看再说。"刘备见吴军还是不出战，只好撤出山谷中的8000多精兵。诸将见陆逊所料果然不错，慢慢佩服起来。

陆逊按照既定部署，集中兵力固守待机，和蜀军相持了七个月之久。刘备被阻于猇亭、夷陵一线，欲战不可，欲退不能。随着天气不断炎热，蜀军将士个个叫苦，斗志日渐衰退。这时刘备又将就士兵们的避暑要求，竟然放弃了"水陆并进"的有利条件，令水军全部弃船上岸，到山林中扎营避暑。陆逊一见大喜，立即满怀信心地上书孙权说："开战之初，我所顾虑的就是蜀军水陆并进、夹江而下的优势。现在蜀军已经舍舟登陆，在密林中处处扎营。从其部署来看，不会再有大的变化了。刘备过去用兵，总是败多胜少。因此，我虽然没有什么才能，但打败刘备，已经有把握了。"

于是，陆逊召集诸将部署反攻。将领们迷惑不解地说："要攻刘备，应在当初，现在让他深入了六七百里，设防了七八个月，各险要重地都已配备重兵，这时候反攻恐怕不利吧？"陆逊笑着对大家说："刘备是个很狡猾的人，见多识广。大军初来，考虑必然精细，加上其水陆并进，士气旺盛，我们如果出击，是难以得胜的。半年多以来，蜀军被我军阻止在此，一直没有得到进攻的机会。现在蜀军疲惫，斗志消沉，处处设营，兵力分散，刘备又令水兵舍舟上陆，说明其计谋也已用尽。因此，要打败刘备，现在正是极好的时机。"诸将认为他的看法有道理，因而对反攻充满了胜利信心。

在大规模反攻的前夕，陆逊先率一部分人马试攻了蜀军的一个营寨，结果大败而回。有的将领一见又泄了气，说这"不过是白白送死"。

可是，陆逊却胸有成竹地说："我已有破敌之法了。"

接着，陆逊调兵遣将：令水军溯江而上切断南北两岸蜀军的联络；令一部士兵每人背一捆茅草，乘黑夜分头到各个蜀军营寨放火；令大队人马以火光为号同时出动。蜀军营寨本是竹、木所筑，又全在密林之中，易被火攻。

这天夜晚，恰逢东南风劲吹，吴军突然处处放火，火借风势，风助火威，一时间，形成了一条长达几百里的火龙。早已麻痹大意的蜀军突遭大火袭击，陷入了一片混乱。陆逊乘势指挥吴军全线反攻，迅速攻破了40多座蜀军的营寨，杀死了张南、冯习等数员蜀军大将，蜀军土崩瓦解，大部死伤逃散。蜀将杜路、刘宁见无处可逃，只好向吴军投降。包围夷道的蜀军也不战而溃。

大火一起，刘备就失去了对蜀军的指挥控制。慌乱中，他率领一部分人马登上了夷陵西北的马鞍山，依山据守。陆逊不给他以喘息时间，集中各路兵将，四面包围，加紧攻打，很快击毙蜀军一万多人，余部迅速溃散。刘备带领少数残兵败将，乘黑夜冲出重围，靠驿站人员焚烧

辐重堵塞山道，才摆脱了吴军追击，狼狈地逃到了白帝城（今四川奉节东）。蜀军主力八万余人和舟船、军械以及其他军用物资损失殆尽，镇北将军黄权因归路为吴军切断，率部投降了魏军。

夷陵之败使蜀国元气大伤，刘备忧愤成疾，第二年病死在白帝城中。刘备逃往白帝城后，吴将徐盛、潘璋等人主张乘胜追击，进占白帝城一带地区，陆逊认为，曹丕名义上助吴攻蜀，实际上别有企图，必须预作准备，因此命令吴军停止追击，乘胜收兵。战后，孙桓见到陆逊时，大加称赞说："以前我曾埋怨你不派兵救援，如今我才明白你是对的，你的指挥艺术确实有方啊！"

夷陵一战，陆逊一举获得了知兵善谋的盛名，声誉远扬，威名大震，东吴将领倾心佩服。孙权加封他为辅国将军，任荆州牧。此后，他辅助孙权，接受了诸葛亮的建议，恢复了蜀汉联盟关系，并代表孙权办理对蜀外交和文书往来，使吴蜀之间保持了较长时间的同盟关系；鉴于吴国连年用兵，财力不足，他在长时间内主张对曹魏采取守势，而且充分利用长江天险，几次迫退了魏军的进攻；他极力主张放宽刑罚，减轻赋税，发展生产，加强国力，反对孙权对夷州（今台湾）、朱崖（今海南岛）和辽东的贸然用兵，为吴国一个阶段的稳定作出了贡献。东吴赤乌七年（244），他接任吴国丞相。第二年病死，终年62岁。

□故事感悟

初次担任统帅的陆逊，在强敌压境的不利形势下，采取了先让一步、后发制人的战略方针，把兵力难以展开的山岭地带让给蜀军，然后扼守夷道、猇亭，以坚守不战的办法疲敌、误敌，终于改变了敌我形势，夺取了主动权。对于刘备这个老将，陆逊一不迷信，二不轻视，始终以谨慎的态度对待，最后摸透了刘备的特点，做出了正确的判断；对于内部将领们的为难，陆逊采取了忍让的态度，但在作战部署与决心上，他采取了非常坚决的态度，实行了集中而果断的指挥，在转入战略反攻之前，陆逊采用火力侦察的方式作了战斗调查，找到反攻的最佳方法，出其不意地发起火攻，终于赢得了最后的胜利。

□史海撷英

陆逊之死

陆逊是跟随孙权时间比较长，并且功劳很大的一位大臣，早年间，孙权曾把孙策之女嫁给了他。吕蒙死后，陆逊成为对付魏、蜀二国的主要大将。但是，孙权对陆逊的重用，仅仅只是在军事方面，却始终没把参政大权交给陆逊。

晚年，陆逊卷入了孙权的两个儿子——太子孙和与鲁王孙霸的争斗中。陆逊站在太子孙和一边。但孙权听信谗言，起了废黜太子的想法。陆逊屡次上书，陈述嫡子和庶子的区别，他说："太子是正统的继承之人，比较容易使政权坚如磐石；鲁王是藩臣，可以给他很好的优惠和宠爱就可以了，这样一来，彼此各有所得，上下都能够得到安定。"

陆逊还要求到都城建业当面申述自己的意见，因此而得罪了孙权。太子的师傅吾粲、太常顾谭，也多次上奏书阐述嫡、庶的区别，反对废嫡立庶。

但是，孙权既不许陆逊到都城建业，又以"亲附太子"的罪名处置了陆逊的外甥顾谭、顾承、姚信等人。太傅吾粲也因为多次与陆逊有通信往来，而被孙权下令处死。孙权还多次人前去责骂陆逊，陆逊忧伤过度，于赤乌八年（245）二月含恨而死，终年62岁。

次韵答天启

（宋）张耒

黄钟无声登瓦釜，蔡子青衫在尘土。
逼人爽气百步寒，知子胸中有风雨。
三年河东走胡马，绝口鱼虾便酪乳。
归来万卷付一读，不学儿曹用心苦。
周瑜陆逊久寂寞，千年北客嘲吴语。
莫徒彩笔云锦张，要是宝剑蛟龙舞。
天兵百万老西北，快马如飞不出户。
眼看六蠢出麒麟，走取单于置刀俎。

司马懿锋芒不外露

司马懿（179—251），字仲达，河内郡温县孝敬里（今河南省温县招贤镇）人，出身士族家庭，三国时期魏国大臣，政治家、军事家。生平最显著的功绩是多次亲率大军成功对抗诸葛亮的北伐，以其功著，封舞阳侯；其子司马昭称王后，追尊为晋王；其孙司马炎称帝后，追尊为高祖宣皇帝，故也称晋高祖、晋宣帝。

　　司马懿是三国时期魏国杰出的政治家、军事家，西晋王朝的奠基人。他最大的成功秘诀就是"谨慎不发，谋而后动"。所以，虽然他机谋过人，但平日保持沉默，锋芒绝不外露。

　　他之所以一直保持沉默，就是怕曹操识破他的心机。如果他很早就表现出高人一等的能力，曹操早就会对他产生怀疑而加以防备了。曹操生性多疑，而且时常妒忌别人的才干，杀杨修就是一个很好的例子。所以，司马懿一直谨慎行事，心甘情愿俯首听命于曹操，在其手下做一个小小的主簿。主簿之职相当于现在的文秘。

　　司马懿很会掩饰自己，把以生性多疑狡黠著称的一代奸雄曹操都瞒过去。曹操绝对不会想到，曹家的天下后来会被司马家取代。据说，曹操临

死前做过一个梦，梦见三马同槽而食，便对贾诩说："我从前曾梦到三匹马在同一个马槽里吃食，怀疑是马腾父子为祸；但现在马腾已死，昨晚又梦到三匹马在同一个马槽里吃食，你觉得这是预兆的什么吉凶呢？"

贾诩回答说："当官的马，是吉祥的预兆啊。当官的马归顺于曹方，王上何必怀疑呢？"

曹操才因此不再怀疑了。槽，正好与曹同音。三匹马正好影射着司马懿与其两个儿子。其实，这个梦已经明显地暗示了曹操，司马氏必将代魏。但曹操当时只是怀疑与马腾父子有关，却怎么也没想到身边的人是否可疑。

后人有诗道："三马同槽事可疑，不知已植晋根基。曹瞒空有奸雄略，岂识朝中司马师？"

曹操去世后，司马懿就开始显露出他的才干，为了把兵权抓在手里，他想尽办法博得曹丕的赏识。

司马懿掌控了兵权后，并没有立即表现出野心，而依然是尽忠尽职，屡立战功，以争取到曹丕更大的赏识和信任。因为，当时他夺权取代王位的条件还远不成熟。

第一，曹丕的才智并不亚于其父曹操，大家都很拥护他。第二，曹氏集团人多势重，其中不乏有才干之人。第三，司马懿毕生为魏国效力，他要考虑到不能最后落个篡位的恶名。第四，如果兵变一旦失败，他的九族都要受到株连，司马家会遭灭门之灾，这样一来还何谈对未来大事的图谋？基于这些因素，他必须步步稳扎稳打，先奠定好自己的实力，因此，他一直为人行事很低调。

曹丕临终时，托付司马懿与曹真、陈群三人做辅政大臣，辅佐新君曹睿。说明此时的曹丕也没发现他有篡位的野心。

当诸葛亮得知司马懿做了辅政大臣后，很是心惊，因为诸葛亮知道他的能力，便想除掉司马懿。使用反奸计使曹睿怀疑司马懿有异心。曹睿中计，罢免了司马懿的官职，司马懿没有任何反抗，老老实实地交了兵权，不仅没有借机造反，而且去宛城闲居。

其实，如果他当时借被罢免之机起兵造反，未必不能成功，但这样一来，不但朝廷要讨伐他，蜀、吴两国也会趁机进攻中原，到时他将无法控制局面，也许不但得不到政权，反而落个篡位的骂名。所以，他又忍了，安心赋闲，等待着机会被朝廷再度起用。后来，曹真被诸葛亮打得损兵折将，太傅钟繇保奏司马懿可退蜀兵，于是，司马懿官复原职，又掌控了兵权。

司马懿官复原职后，开始了与诸葛亮的那场长久的生死对决。司马懿自知军事计谋不如诸葛亮，所以他采取以守为攻的对策。任由诸葛亮用各种办法取笑和侮辱他，他不动声色，拒不出兵，固守城池，搞得诸葛亮无计可施。

这"不动声色"的对策果然奏效，诸葛亮绞尽脑汁，才勉强胜了司马懿几场，但有几次反被司马懿打得溃不成军。例如，诸葛亮的六出祁山，虽然看似轰轰烈烈，但实际上寸土未得。这在诸葛亮的战争史上前所未有。

当时，司马懿不仅要承受诸葛亮对他的羞辱，还有众将对他的鄙视和朝廷众人对他的猜忌。众将见他固守不战，都觉得他怯懦胆小，对他心存不满。他需要想尽办法安抚众将，不要贸然出兵。朝廷众人担心他造反，时刻盯着他的一举一动。这时的司马懿，不仅要表现得对君王十分效忠的样子，而且还不能功高盖主。最后，司马懿谋而后动的计谋，使诸葛亮一方又出了变故，于是，司马懿不战而胜。

司马懿的"谨慎不发，谋而后动"的另一个经典例子就是与曹爽的权力争夺。

当时，曹丕的孙子曹芳即位，皇族大臣曹爽成为了辅助大臣，权力特别大。

曹爽虽说是皇族，但无论是资历、威望，还是实际才能，都远不如司马懿。曹爽左右的谋士们，不断怂恿他：司马懿是个十分危险的人物，极宜先下手为强，以防曹魏的大权落入异姓外人的手中。

239年2月，曹爽终于采纳了亲信丁温的计谋，用魏少帝的名义，提升司马懿为太傅，明升暗降，实际上是彻底夺去司马懿的兵权，将他架空。紧接着，曹爽又逐步将自己的部属安排到一些重要的岗位，执掌实权，牢牢地将大权控制在自己手中。

对于曹爽这一连串赤裸裸的夺权行动，许多人原以为，司马懿绝不是等闲之辈，他不会示弱，更不会善罢甘休，轻易将兵权交出。

然而，事态的发展却大出人们的预料，面对曹爽咄咄逼人的进攻态势，司马懿竟装聋作哑，一退再退，仿佛什么都没发生似的。几年后，他干脆以年老体弱、大病在身为理由，请了长假，连朝也不上了。

经过这几个回合的较量，曹爽轻而易举地夺去了对手的权力，似乎有些飘飘然，无所顾忌地寻欢作乐，过起荒淫的生活。一旦冷静下来，曹爽似乎又意识到，司马懿病得如此突然，恐怕其中有诈，有点放心不下。

事情十分凑巧，就在这个时候，曹爽有个名叫李胜的亲信，将出任荆州刺史。于是，曹爽就派李胜以辞行为名，到司马懿宅第探个究竟。

在司马懿家人的陪同下，李胜来到了司马懿的卧室，只见老人有气无力地躺在病床上，两个丫鬟正在伺候他喝粥。他连用手接碗的力气也没有，只能勉强地将嘴凑到碗边，顺势将粥吸入口中。没喝上几口，粥就沿着嘴角直流下来，弄得胸前衣襟都黏糊糊的，好不狼狈。

李胜在一旁看到这样的情景，怜悯之心油然而生。他不由自主地走近司马懿的身旁，对他说："这次蒙皇上恩典，派我担任本州刺史，特地来向太傅告辞。"

因为李胜本是荆州人，按当时的习惯，他将"荆州"说成"本州"。司马懿等李胜说完好一会儿，才气喘吁吁地说："哦！真委屈你啦，并州在北方，接近胡人，你要好好防备啊。我病成这个样子，只怕以后见不到你啦！"

显然，重病中的司马懿耳朵的听觉也失灵了，他将"本州"听成了"并州"。李胜不得不向他纠正道："太傅，您听错了，我是回荆州去，不是到并州。"

司马懿还是没有听清，于是李胜只得扯大嗓门，对着他的耳朵，又重复了一遍，司马懿总算听明白了，他轻声作答："我实在年纪老，耳朵聋，听不清你的话，你做荆州刺史，这太好啦。"

李胜从司马懿家告辞回来，将亲眼所见如实地向曹爽作了详细报告，并对曹爽说："太傅只差一口气了，您就用不着担心了。"曹爽听了，好不高兴。

过了数年，249年的新年来到，按照惯例，魏少帝要亲率家人及满朝文武重臣到城外祭扫魏明帝的陵墓，曹爽和他的几个兄弟和亲信们都前呼后拥地跟着去了。司马懿既然久病不起，人们早将他忘了，自然不会有人安排他同往。

谁能料到，司马懿这场持续数年的大病，竟是他处心积虑、精心伪装的一个计谋，他根本就没有大的病痛。他之所以装病，无非是为了避开曹爽的锋芒，麻痹他的警惕，更隐蔽地暗中策划，养精蓄锐，积聚力量，选择良机，后发制人。

眼看着曹爽已经完全中计，忘乎所以，彻底放松了警惕，司马懿觉得时机已经成熟，乘着这次曹爽一伙跟随魏少帝倾巢而出，他禁不住精神抖擞，立刻全副武装，披挂上阵，带领他的两个儿子司马师和司马

昭，率领部众，以迅雷不及掩耳之势占领了城门、兵库等战略要地和重要场所，随即假借皇太后的诏令，宣布撤去曹爽大将军的职务，成功地发动了一场政变。

消息迅速传到城外，毫无思想准备的曹爽一伙顿时慌了手脚。有人向曹爽献计，要他挟持少帝退到许部，招聚兵力，向司马懿发动反攻。但是，曹爽一伙大多是一些无能之辈，运筹帷幄，带兵打仗，哪里是司马懿的对手。加上长期麻痹大意，无法迅速组织起力量。司马懿则早就瞅准了曹爽的弱点，派人向他劝降，提出只要他交出兵权，绝不给他更多的难堪。走投无路的曹爽只得乖乖地缴了械，举手投降。

兵权落入司马懿及其家属手中后，曹爽一伙自然成了瓮中之鳖。过了没几天，司马懿就以曹爽企图谋反为名，将其一网打尽，全部投入监狱，不久就将他们押上了断头台，斩草除根。

■故事感悟

从故事中我们不难看出，司马懿是个城府极深、思虑极远的人。在奇才辈出的三国时代，他能击败众多对手，为晋朝奠定基础不是没有道理的。小心翼翼，如履薄冰，凡事不谋好绝对不乱动，他的"慎"真的是达到了一种登峰造极的水平，非常人所能及啊！

■史海撷英

屯田积谷经国远筹

东汉末年，政治统治黑暗，经济萧条，战乱不断，老百姓流离失所，生活艰难，整个社会动荡不安。此种情况下，要解决好囤积粮食和流民问题，就成为稳定社会、克敌制胜的关键。

建安二十三年（218），司马懿向曹操提出了实行"军屯"的建议。他说："昔箕子陈谋，以谷为首。今天下不耕者盖20余万，非经国远筹也。虽戎甲未卷，自宜且耕且守。"曹操欣然采纳了他的建议。此后，司马懿不断地强调劝农积谷的重要性，并具体指挥了发展军屯的事。

正始三年（242）三月，司马懿上书奏请修广漕渠，引黄河水入汴河，来灌溉东南所有的陂地。并开始在淮北大兴屯田，广漕渠300余里，灌溉田地2万余顷。一年后，司马懿又大兴屯守，开发了淮阳、百尺二个水渠，灌溉颍川南北陂地万余顷。自此开始，淮河以北的广大地区，到处可以看见存储粮食的仓库，自寿阳至京都洛阳，百姓的屯田与军队的屯田连成一片，阡陌交通，鸡犬相闻。

淮河流域与东吴接壤，司马懿在这里大规模屯田，具有重要的战略意义和军事意义。当时，由于司马懿的倡导，曹魏政府在淮北有2万余人屯垦，淮南有3万余人，而且还有4万余人在这一地区且耕且守，每年可得军粮500万斛。魏国的东南边防得到了巩固，这不能不说是司马懿的功劳。

■文苑拾萃

司马懿

（宋）陈杰

本祖贼为媒，聊同汉报仇。
机深螳后雀，祸隐马中牛。
夷甫毋专罪，江生足远猷。
谁开千古恨，落日淡神州。

祖逖审势寻机定谯国

祖逖（266—321），字士稚，范阳遒县（今河北涞水）人。北州旧姓，东晋初期著名的北伐将领。成语"闻鸡起舞"说的就是他和刘琨的故事。曾一度收复黄河以南大片土地。祖逖是一位极受人民爱戴的将领，他死后，所辖的豫州百姓人人都好像父母离世那样悲伤。

祖逖是晋朝著名将领。晋建兴四年（316）农历十一月，晋愍帝被汉赵国俘虏，西晋灭亡。司马睿被迫移檄四方，约期北伐，祖逖欣然应命。

自晋怀帝永嘉五年（311），洛阳被焚、司马炽被掳以后，活动在黄河以南充、豫二州的主要有两部分势力：一是羯人石勒，一是当地流民所建立的坞堡组织。石勒以襄国（今河北邢台）、邺（今河北磁县南）为中心，占有大片领土，势力强盛，时常兴兵南下；散布在各地的各支坞堡组织则是分散的小股军事力量，以求存自保为目的。

祖逖北伐前，晋军北中郎将刘演曾北上抵抗石勒，先后两次惨败。第一战是在愍帝建兴元年（313）败于邺，第二战是在建兴四年（316）败于廪丘（今山东郓城西北，时为充州治所）。因此，祖逖北伐的主要任务依然是对付石勒。但是，要阻止石勒南下，首先要联络和征服各地坞堡组织，扩大势力，控制兖、豫各郡县。

晋元帝建武元年（317），祖逖率队沿涡水（今涡河）西入谯国，进驻芦洲（今安徽亳县东南），开始了平定谯国的军事行动。

谯国，地处豫州东部（含今安徽涡阳、蒙城、亳县及山东部分地区），治所谯城（今安徽亳县），坐落在涡水南岸，是西趋洛阳、东下淮阴的水路交通要地。

当时，"流民张平、樊雅各聚众数千人在谯，为坞主"，"又有董瞻、于武、谢浮等十余部，众各数百，皆统属平"。谯城的张平、樊雅所部坞堡势力是整个豫州地区最大的一支。

祖逖出师谯国以前，司马睿曾遣使潜入谯国说降，张、樊均表示归顺。随后，刘演率军平北，任命张平为豫州刺史，樊雅为谯郡太守，以示笼络。

祖逖兵入谯国后，并没有立刻展开军事行动，而是仍然采取招抚、笼络的方式争取张平和樊雅归附。祖逖派参军殷父出使谯城，劝说张平、樊雅，企图不战而屈人之兵。不料，殷父到了谯城，不但没有正确宣传祖逖的主张，反而态度傲慢，出言伤人，激怒了张平。结果，殷父没有完成招抚的任务，反而被张平杀害了。

祖逖见说降不成，张平凭借城池"勒兵固守"，长此拖延对自己十分不利，被迫挥军攻城。为了分化和孤立谯城守军，祖逖数次强攻，但均不见效。

在这种情况下，祖逖寻思不能再轻举妄动，而是要再次审慎地分析谋划一下。于是他审时度势，及时采取了离间敌军的策略。

他发现，谯城守敌虽拥兵恃众，但张、樊所部各存忌心，其他各坞主与张平、樊雅的联合也十分松散。于是，祖逖在派兵攻城的同时，暗派亲信前往诱说张平的部将谢浮，离间谢浮与张平之间的关系。

　　谢浮听了诱劝，决然倒戈，利用与张平会商大计的机会杀死了张平，然后率众归附了祖逖。这样一来，震慑了其他坞主，引起谯城守军的极度混乱和分化。樊雅所部由此十分孤立。

　　依计取得优势之后，祖逖及时组织了对樊雅的全面进攻。其部署是：祖逖亲率主力首先进驻太丘（今山东永城县西北）；然后派人联络驻扎在陈留郡浚仪城（今河南开封西北）的蓬陂坞主陈川东下援应，从全局上形成两面夹击谯城之势；此外，又派人请东晋南中郎将王含支援。樊雅受到打击，孤注一掷，纠合张平的余部，反攻祖逖的营垒；甚至利用逖军粮运不继、军中大饥的机会，突然夜袭逖营。祖逖督队迎击，与陈川、王含所带援军合力夹攻，很快陷樊军于进退不得的被动地位。

　　在展开强大军事攻势的同时，祖逖并没有放松对樊雅的争取工作。为此，他请出当年曾代表司马睿入谯城游说的参军桓宣面授机宜，前往谯城劝降。桓宣接受了祖逖的委托，单骑入城，对樊雅做了许多劝解工作。他说："祖豫州（祖逖被司马睿命为豫州刺史，故此称）方欲平荡刘、石，倚卿为援，前殷义轻薄，非豫州意也。"一方面说明了祖逖北伐的主要目标是汉赵和石勒；一方面又申明上次殷父入谯之举并非祖逖的本意。樊雅面对军事上的失利，一筹莫展，陷于绝境。听了桓宣的一番劝导，幡然醒悟，立即举城请降。祖逖遂率领人马进入谯城。

　　祖逖通过"心战"和"兵战"的紧密配合，谋而后动，审势寻机，适时地变换破敌之策；利用瓦解、离间、各个击破的方式，以少胜多，巧妙地夺取了谯城。谯城一破，整个谯国各坞主争相来附。祖逖很快平定了谯国，在豫州打开了良好的局面。

■故事感悟

　　祖逖的"心战"加"兵战"的策略真是巧妙。盲目行动，以硬碰硬，那是莽夫的行为。谋而后动，审势寻机才是王道。以寡胜众，关键在于有谋。历史上以少胜多的事例并不少见，而他们成功的原因至少有一点是相同的，那就是成功的一方没有当下和对方发生正面冲突，而是经过周密的计划，谨慎地做好准备后才发动进攻。祖逖正是深谙此理才巧定谯国。

■史海撷英

祖逖避难

祖逖没当官之前，因国家局势不稳，特别是北方五胡的战乱，他不得已带着几百户人家，其中有他的亲戚和邻居，一起迁徙到淮泗。

他从小很有侠气，会照顾人，避难的路上把所有的车马都让给年长的人坐，他自己徒步行走。不仅如此，他还把家里所有的财物、药品都拿出来给大家分用，就这样一路照顾所有的人。

当时，晋元帝很敬佩他的品德，因而封他官职。他做官后，胸怀雄心壮志，抱定一个信念：一定要把国家失去的疆土再夺回来。果然，在他一生为官之中，晋朝很多土地失而复得。

在这次避难过程中，祖逖时时为所有人的生活着想，指导他们耕作，告诉他们怎样做才能有好的收成。路上，遇到因战乱而亡的一些骨骸，祖逖带领大家把这些骨骸掩埋好，并举行祭祀活动。他的行为使同行的人很感动。

一次，大家在一起吃饭时，一些长者聊天中说道："我们年纪都老了，能够遇到祖逖，就好像自己的再世父母一样，我们死而无憾了。"

祖逖的这种仁义善举，感动了许多老百姓。祖逖去世时，许多认识他的人都像失去了父母一样悲痛。

殷景仁以柔克刚保身克敌

　　殷景仁（390—441），南朝宋时陈郡长平人。祖父殷茂，历任散骑常侍、特进、左光禄大夫。父殷道裕早亡。司徒王谧十分看重景仁，认为他有大成之量，将女儿嫁给他。最初担任刘毅的后军参军，高祖太尉行参军。他建议让百官举才，让能者尽其用。后来迁升为宋台秘书郎，世子中军参军，转主簿，又为骠骑将军道怜主簿，出补衡阳太守。殷景仁学不为文，才思敏捷，口不谈义，深达理体。至于国典朝仪，旧章记注，没有不撰录的，认识他的人都知道他的才华。高祖刘裕更是器重他，升他为太子中庶子。

　　东晋时期的刘湛，出身于官宦世家，少年时期就有很大的志向，常常以管仲、诸葛亮自比，是协助刘裕取代晋朝而自立，建立南朝宋朝的功臣之一。

　　刘裕死后，其长子刘义符继位。但是，刘义符昏暴淫乱，两年后被执政大臣徐羡之、谢晦等人废掉并杀死，刘裕的三子刘义隆被立为皇帝，即宋文帝，改年号元嘉。元嘉六年（429年），刘义隆开始重用弟弟彭城王刘义康（刘裕四子），此时，刘义康总揽朝政。

刘义康为彭城王时，刘湛是彭城长史，深得刘义康的信任。刘义康揽政时期，刘湛的势力也跟着膨胀起来。

刘义隆虽信任刘义康，但还能够自掌权柄，有一定的主见。他起用领军将军殷景仁为尚书仆射，以制约刘义康。此时，刘湛因刘义康的推荐，由太子詹事升任为领军将军。

本来，刘湛开始步入仕途时，曾受到殷景仁的推荐。但此时他有了刘义康作为靠山，就开始千方百计排挤殷景仁想取而代之。

殷景仁后悔当日没看清这个人的真面目，曾经对亲朋叹息说："引虎入室，便即噬人。"为了躲避刘湛的陷害，他上书皇帝，以有病为由请求辞职，但刘义隆没答应他辞官，只允许他带职在家养病。这样，刘湛还不罢休，打算派手下扮作强盗去刺杀殷景仁。但刚刚密谋，就有人将此事密告了刘义隆。刘义隆立即传令让殷景仁住到西掖门，让他与皇宫禁地挨着，便于保护，这样，刘湛再也无法加害殷景仁了。

殷景仁感觉到刘湛、刘义康的权势很大，一时难以硬斗，就采取以柔克刚的方法，终日在家闲居，名为养病，其实是为了逃避是非。文帝刘义隆一遇到军国大政中难以定夺的事，就秘密派人到殷景仁府上咨询，每次他都认真地给予出谋划策。因此，殷景仁表面上在家闲居养病，但实际上，朝廷里的事他都知道。但是，这一切都在暗中进行，旁人都不知道，久而久之，刘湛放松了对殷景仁的提防。

殷景仁在家假装养病，刘湛坦然地在刘义康府中掌权，一转眼5年过去了，这5年中，朝廷里发生了重大的变化。而刘义康既不读书也不了解历史，更不知君臣之大防。他自以为是皇上的亲兄弟，丝毫不避嫌。刘义康执政时间长了，朝廷内外的人只知有彭城王，而不知有皇帝了，刘义隆心里大为不快，决定对刘义康动手。

正当刘义隆苦无机会对刘义康下手之时，刘湛的母亲死了。古人习

俗，为官之人在父母亡后必须守丧三年，除无特殊需要外，本人必须主动辞职。刘义隆立即利用这个机会开始对刘义康下手。

殷景仁建议文帝先下诏书，召刘义康入宫，刘义康半夜应召而来，立即被软禁在中书省。接着，文帝刘义隆连夜让人打开东掖门，召殿中将军沈庆之入宫面授旨意，让他控制朝廷及宫中的局面；又分兵逮捕刘湛父子及刘湛死党刘斌、孔胤、刘敬文等人，天亮时，这些人都被投进了大牢。事不宜迟，当天晚上，文帝就下诏公布刘湛等人的罪恶，在狱中诛杀了刘湛父子及其党羽八人。文帝下诏封刘义康为江州刺史，刘义康只得领命离开朝廷，前往豫章上任。

■故事感悟

从客观看来，殷景仁受嫌遭忌，在对方步步进逼之时主动避让，从而保存了实力，最后在时机成熟时，一举将刘湛铲除。他的这种以柔克刚、暂避锋芒的做法值得借鉴。君子行事，为防不测，应该排除直率的天性，以慎重作为一生的理念，抵挡来自各方面的谣言、诽谤、诬蔑，做一个知退知进、善于审时度势的智者。退居二线不是退出竞争，不是坐以待毙，而是养精蓄锐，谋划深远。"谋"字所含的内容十分丰富，其能量无比巨大，就像一颗重型炮弹，静静地深藏于炮身之内，一旦发射，便可将对方连根摧毁！对付狡诈刁钻的小人，尤其要静下心来才好。

■史海撷英

"目光如炬"的故事

南朝时期的檀道济，是高平金乡人。东晋末年，他参加了刘裕（即宋武帝）的军队，并当上了太尉参军。

宋文帝（即刘义隆）登位后，檀道济因对刘宋王朝的建立有卓著军功而被封为武陵郡公。

元嘉八年（431年），南朝的宋国与北方的魏国之间发生战争。檀道济率军与魏军打了30多次仗，常获胜利，不仅守卫了国土，而且树立了宋军的声威。因檀道济战功赫赫，他被提升到司空的地位，其威名更加显赫，他的部将和几个儿子也都官居要职。

435年，文帝卧病在床，领军刘湛因为怀疑和嫉妒檀道济，便乘机向彭城王刘义康说："主上现在病重，如有不测，别人还好对付，但这个檀道济恐怕难以制服！"

刘义康想了想说："嗯，你说得对，但怎么样先把他处置了呢？"

刘湛狡诈地说："不如召他入朝，但要借口北方的蛮虏要来进犯，要他来朝里商议。这样乘此除掉他就容易下手了。"

刘义康点头称是，便拟写了一道诏书，派人送往浔阳，召檀道济立即赴京。檀道济接到诏书，便准备行装，随即动身赴京。

到了京城建康，檀道济首先会见刘义康。刘义康说北虏已被打退，目前只是主上的病情严重，令人担忧，让道济进宫问安。

文帝的病情时好时坏，檀道济只好留在京都等候。第二年春季，他见文帝病情已有好转，打算返回浔阳。

这一天，檀道济正要登船，忽然有个太监急匆匆地骑马赶来，说是文帝病势又恶化了，请他回朝议事。檀道济只得又返身进京。但他刚进朝堂，刘义康便指示禁军逮捕了檀道济。

刘湛在旁边急忙上来宣读逮捕诏令。诏令中的言辞实际是诬蔑檀道济用金钱收买暴民，利用皇上病重的机会图谋反叛。檀道济听完诏令，义愤填膺，用愤怒的目光注视着刘湛，目光好似火炬一般（目光如炬）。他摘下自己的头巾丢在地上，大声说："你们这是自己毁坏自己的万里长城！"

檀道济被下狱后，刘湛又怂恿刘义康，收捕了檀道济的11个儿子和部将薛彤、高进之等，并一齐斩首处死。就这样，为刘宋王朝立过无数战

功的檀道济，竟被刘湛、刘义康这样一伙佞臣冤杀，成为南朝历史上的一个大悲剧。

□文苑拾萃

引狼入室

"引狼入室"是比喻自己把坏人或敌人招引进来，结果给自己带来了很大的麻烦或者灾难。出自元·张国宾《罗李郎》："我不是引的狼来屋里窝，寻得蛐蜒钻耳朵。"

民间还有一个与"引狼入室"有关的故事：

有个牧羊人在山谷里放羊。一天，他看见一只狼远远地在后面跟着他，开始他有些害怕，时刻提防着狼。但几个月过去了，这只狼仅仅是远远地跟着，并没有靠近羊群，更没有伤害羊。牧羊人渐渐地对狼放松了戒心。后来，牧羊人觉得，狼跟在羊群后面有好处，不用再提防别的野兽了。再后来，他索性把狼当成了牧羊狗，叫它看管羊群。牧羊人见狼把羊管得很好，心想，人们都说狼最坏，我看不见得。

有一天，牧羊人进城办事，把羊群托狼看管，狼答应了。狼估计牧羊人已经进城了，就冲着山林中大声嗥叫了几声。它的嗥叫声引来了许许多多的狼，结果，那群羊全被狼吃掉了。

这个愚蠢的牧羊人因为不了解狼的本性，被狼的伪善欺骗了。

李世民谨慎成大业

李建成（589—626），唐朝高祖李渊长子。陇西成纪（今甘肃省秦安西北）人。本为唐高祖太子，后被其弟李世民发动玄武门之变，以箭射死。后建成诸子亦被世民全数处决，不留活口。李世民继位后，追封李建成为息王，谥"隐"。贞观十六年五月，又追赠"隐太子"。

唐高祖李渊与太穆皇后有四个儿子：长子李建成、次子李世民、三子李玄霸、四子李元吉。

三子李玄霸武艺高强，可惜英年早逝，一切军务都由李世民负责，李元吉辅助。李渊称帝以后，按照立长子为太子的惯例，封长子李建成为太子。李元吉因为受制于李世民，二人关系不太和睦，便与长兄李建成暗中勾结，共同对付李世民。

初时，李世民的势力并不太强大，但因受命镇压各地农民起义军，在征战中不断剿灭起义军而战功卓著，声望越来越高。与此同时，他的左右聚集了一大批文臣武将，如杜如晦、长孙无忌、尉迟恭、程知节等能人。由于李世民威望已经很高，而相比之下，太子李建成久居东宫，没有出外领兵，既无战功，身边也没聚集人才，因此便无法获得多数人的支持。

624年，李元吉想设宴杀掉李世民，于是，宴请父王李渊和两个兄长李建成和李世民，太子李建成对此事先有所知晓，但怕李渊迁怒于他，废了他的太子之位，就临时改变了主意没有对李世民动手。这件事李世民也有所察觉，李世民虽然有心争夺皇位，但因李建成位居东宫已久，也没有大的过失，如果先下手，怕难以服众，于是按兵不动，只是暗中和李建成较劲。

李建成虽然在宴席上没有杀掉李世民，但心中依然耿耿于怀，在暗中积蓄力量。他私自招募了2000名誓死效忠他的士兵，作为他的侍卫，又推荐心腹杨文干做庆州总管，以备届时里应外合，篡夺皇位。

这年夏天，李建成趁李渊到外地避暑，自己留守长安的机会，伙同杨文干谋反。不料，李渊事先得到了密报，软禁了李建成，并命令李世民去讨伐杨文干。临行前李渊对李世民许诺：如果李世民平定了叛乱就立他为太子。但是，待李世民平叛归来，李渊却改口说："经查太子李建成没有参与此事，我已经重重责备了他，他也表示要痛改前非。今后你们兄弟要和睦相处，不要伤了和气。"

李世民回到秦王府，长孙无忌告诉他，太子和齐王（李元吉）买通了皇上的宠妃，早就把李建成给放了。李世民说："我今天一听到父皇说这件事就明白了。不过我们不能轻举妄动，现在父皇向着他们，我们不能明着来。再说，他们不仁，我不能不义，先看看再说吧。"

公元626年，太子派人送信请李世民过去吃饭，长孙无忌担心太子摆下的是"鸿门宴"，劝李世民不要去。李世民却认为矛盾还没有激化，又有李渊压着，估计太子他们还不敢对自己动手，于是来到东宫赴宴。

李建成和李元吉见李世民来了，十分热情招呼。酒宴上，二人频频给李世民敬酒，李世民不好推辞，就多喝了几杯。突然，李世民觉得头晕目眩，一下子栽倒在地。李建成和李元吉让人把李世民抬到车上送回秦王府。

李世民回到秦王府，昏睡了三天三夜才醒过来。李渊知道此事后对李世民说："既然建成不能容你，病好之后带着你的人到洛阳去吧。"李世民心里明白，这是父王让他和李建成划黄河为界分治，连忙拜谢。但是待李世民身体康复后，正准备带领部下到洛阳时，李渊又改变主意不让李世民去洛阳了。李世民知道，这是李建成等人在背后搞鬼，心想：你不仁，别怪我不义了。于是，命令自己在各地的心腹暗中招兵买马，培植羽翼，准备伺机行动。

李建成和李元吉得知李世民没死的消息，后悔当初该往酒里多下些毒药。他们知道，经过这件事后，李世民肯定会有所防范，很难再下手。于是，他们改变策略，开始重金收买和拉拢李世民手下的人，但是，李世民周围的人没有一个人被收买，房玄龄、杜如晦等人把礼物原封不动送了回去，尉迟恭更是连礼物带书信都交给了李世民。

李建成见此情形，知道分化瓦解不成，便向李元吉问计。李元吉说："我去见父皇，鼓动父皇怀疑世民。世民征战四方，手下大将众多，父皇心中必有疑虑。我趁机让父皇下旨降罪世民身边的人，这样就可以削弱他的势力，让他人心涣散，到时候我们再下手除掉他。"李建成点头赞同。李元吉来见李渊进谗言，李渊果然相信上当，传旨把李世民身边的大将尉迟恭打入天牢，准备斩首。

李世民听说尉迟恭被打入天牢，知道李建成他们已经开始动手了，赶紧亲自向父王李渊求情。李渊见李世民苦苦哀求，只好答应免去尉迟恭的官职，把他从牢狱中放了。李世民回到府中，立即召集众人商议对策，但不见房玄龄和杜如晦二人，一问才知，李渊已经免了二人的官职，二人居家不出。大将程知节还汇报说："皇上已经降旨，调我去做康州刺史，今天就要离开京城。但我要誓死保卫秦王，不愿出京，还请

殿下早下决心。"

李世民看看周围的人，说道："诸位忠心跟随我，我感激不尽。只是现在还不到火候，诸位不要轻举妄动，若有动静我会通知大家的。"

在这之后，李世民暗地派心腹到各地，让领兵在外的亲信们做好准备。

李建成和李元吉见李世民没有什么反应，准备动手杀他，但顾及尉迟恭等大将还在京城，一时不敢动手。这时，突厥军队大举入侵，李建成提议让李元吉前去征讨，李元吉借机要求李渊允许他调动秦王府中能征惯战的兵马，并封尉迟恭为先锋。李渊同意了李元吉的请求，派人到秦王府调兵。

李世民接到圣旨，知道到了该做决断的时候了。杀太子，夺皇位不是小事，必须同心协力才行。为了摸清手下人的态度，李世民不动声色，只等大家主动说话。长孙无忌说："殿下还是早做决断吧，不然后悔就来不及了！"

尉迟恭也说："殿下，现在大祸就在眼前，当断不断，必受其乱！"

这时，又有密探来报：太子和齐王密谋在昆明池埋伏武士，只等李世民为齐王送行时，除掉李世民，然后逼迫李渊退位，太子登基，齐王为皇太弟。长孙无忌说："如此形势，殿下必须先发制人，否则不可挽回。"尉迟恭和大将张公瑾也都同意。

李世民见手下人心思一致，说道："好，既然诸位如此拥护我，我也不会辜负诸位的。不过还要先禀告皇上，免得我们师出无名。"然后吩咐手下人把房玄龄和杜如晦找来，自己进宫见李渊。

李渊听了李世民的汇报，说："明天我再审问此事，你先回去吧。"李渊的宠妃知道了这件事，赶紧密报李建成和李元吉。李元吉担心有危险，李建成却认为李渊是向着他的，自己手里又有兵马，不用担心，决定当晚就去见李渊，探听虚实。

　　李世民回到府中，听手下人说，房玄龄和杜如晦说，他们已经是草民了，不敢违抗皇上的圣旨来见秦王。李世民马上解下宝剑，让尉迟恭去请二人，并叮嘱如果他们不来，就拿他们的人头回来复命。尉迟恭领命而去，房、杜二人见李世民已经下定决心，赶紧乔装改扮来到秦王府。李世民已料到李建成和李元吉会当夜进宫见李渊，马上调兵遣将，埋伏在玄武门，只等二人到来。

　　当晚，李建成和李元吉来到皇宫，在接近皇宫时，李建成感到不妙，掉头就跑。李世民随后紧追，李建成回身取出弓箭，连射李世民三箭，但都没有射中。李世民一箭正中李建成心口，射死了李建成。李元吉也被尉迟恭一箭射死。他二人手下的兵将本来想抵抗，看见两位头领已死，都放下武器投降。李世民杀了太子和齐王以后，一不做，二不休，索性进宫逼李渊退位，自己登上了皇位。这就是历史上著名的"玄武门之变"。

□故事感悟

　　政治斗争虽然不像两军对垒、将士厮杀那样惨烈，但也是惊心动魄，一步棋走错，就会全盘皆输。从李世民争夺皇位的整个过程来看，李世民可以说是步步为营，每一步棋都小心谨慎。在斗争前期，他沉着冷静，培植自己的势力；在斗争进行到白热化的时候，他又当机立断，发动"玄武门之变"，成功夺权。可以说，要成功，盲目不得，谋而后动才是上策。沉着冷静，当机立断，这是古往今来成功者必备的素质。沉着冷静，能让你看清纷繁复杂的局势，做出正确的分析；当机立断，能使你抓住稍纵即逝的机会，把命运掌握在自己的手中。现代社会更是瞬息万变，只有那些沉着冷静、谨慎出击的人，才能把握机会，走向成功。

第二篇

真君子重慎独

萧何不爱财

萧何（？—前193），秦朝沛县丰邑（今江苏省丰县）人。是汉朝初年丞相、西汉初年政治家，汉初三杰之一。辅助汉高祖刘邦建立汉政权。惠帝二年（前193）卒，谥号"文终侯"。

汉高祖刘邦在建立汉王朝的过程中，得力于萧何、韩信、张良。这三个人在历史上称作"前汉三杰"。

萧何是刘邦的同乡。汉朝建立后，他担任第一任丞相，制定法律，稳定政局，为巩固西汉政权起了重要作用。

在刘邦起义军灭了秦朝，率领大军进入咸阳城的时候，每个人的不同表现，反映出了每个人不同的修养、品德。

咸阳城是秦王朝的都城，不仅宫殿连片、富丽堂皇，而且有大量的金银财宝。刘邦的将士们从来没见过如此多的宝贝、钱财，不少人争先恐后地去拿取、抢掠。

萧何进城后，他没像一些人那样抢夺金银珠宝等物，而是匆匆赶到秦王朝丞相府，东翻西找，有人以为萧何也在寻找金银财宝。当时，即使萧何取了这些金银财宝，别人也是无从知晓。

　　但是，他没拿任何珠宝财物，而是把翻到的金银珠宝放在一边，继续翻找着他需要的东西。原来，他找的是那些竹简，即是当时的图书。因为，这些竹简上刻记着国家大事以及重要资料。

　　有人问萧何："那些东西有什么用？"

　　萧何笑答："用处可大呢！"

　　果然，没过多久，刘邦召集众大臣，问："现在全国有多少人口？""几个地区有粮仓？现在存有多少粮食？""国库现存有多少布匹？"……一连串的问题，问得众大臣张口结舌，都答不上来。

　　大家面面相觑，谁也不知道。这时，萧何站出来，一五一十地把这几个问题答得一清二楚。

　　刘邦十分惊讶，问道："你对全国情况的了解，犹如在数自己口袋里的东西一样清楚，是怎么回事？"

　　萧何不急不慢地答："我从丞相府里收集了几车竹简。那些竹简上都记着您问的这些事。这些书籍对您将来治理天下有大用处呀！"

■故事感悟

　　萧何是汉初开国元勋之一，也是很有修养的著名政治家。上面这个故事中，在无人监督的情况下，萧何没有像其他人那样去抢金银财宝，而是做了一件他认为十分重要的事：收集材料，了解国情，为刘邦建业打基础，这是"君子慎其独"的高瞻远瞩。

■史海撷英

韩信之死

　　公元前202年2月，刘邦当上皇帝之后，为了巩固新兴的西汉政权，开始了逐一灭掉异姓王的斗争。他见韩信功高望重，且握有兵权，便首先从他身上下手。

公元前197年，韩信手下的人上书告发，说韩信与陈豨秘密约定，要杀掉吕后和皇太子刘盈，然后共取天下。吕后一听事关重大，便急忙秘密召见丞相萧何，商量对策。二人商定对策后，由萧何去执行。

于是萧何来到韩信家中，对他说："这几天皇上从赵地发来捷报，说征讨大军大获全胜，陈豨已经逃至匈奴。你称病而不上朝，已经引起人们的怀疑了。所以，我来劝你同我一起进宫，向吕后道贺，以消除人们的怀疑。"

韩信听萧何说的有道理，便信以为真，跟随萧何来到长乐殿，准备向吕后道贺。不料宫里早已埋伏了刀斧手，吕后见韩信中计，命令刀斧手将韩信绑翻在地。韩信见势不妙，大叫："萧丞相快来救我！"哪知萧何早已避开。吕后坐在长乐殿上，尽数韩信与陈豨暗中勾结谋反，如何欲害她和太子等罪，不容韩信申辩，便令刀斧手把他拖到殿旁钟室中杀死。

萧何辅助吕后，诛杀了韩信，为刘邦除去了一块心病。刘邦对萧何更加恩宠，加封五千户。

后人有言，韩信的一生可谓是"成也萧何，败也萧何"。因为，当初是萧何向刘邦推荐了善于用兵打仗的韩信做大将军，使之为汉朝的建立，立下很大功劳。

■文苑拾萃

咏史上·萧何

（宋）陈普

三人断尽楚关梁，一诎雄吞十七王。
高帝功臣总功狗，汉家无爵赏萧张。

赵叔平律己"数豆正心"

赵叔平（生卒年不详），名槩，字叔平，北宋学者，天圣年间进士。曾任参知政事一职，但在治平四年，"罢参知政事，知亳州，除观文殿学士"，所以就返乡了。他一生好学，注意修身养性，品德高尚，深得世人好评。

赵叔平是北宋时期的人。他从小就受到家庭的影响，特别爱好学习，常常挑灯夜读，废寝忘食，邻里乡亲无不夸奖他的刻苦努力。

他的刻苦终于换来了收获。天圣年间，他参加了科举考试，并且一举考中了进士。

不仅如此，他一生还非常注意品德的修养，乐善好施，与人无怨，受到世人的好评。

赵叔平认为，人生一世应该多做善事，不做恶事。无论做善事，还是做恶事，都是受思想支配的。因此，他特别注重审视自己，正心克己，不断清除私心杂念，使善心永远战胜恶意。

为了检验自己的善恶之心，赵叔平想了一个办法：他拿来三个器物，一个装满黑豆，一个装满白豆，中间一个容器空着。平日，如果头脑中有一个善念萌生，他就取一颗白豆投到中间的容器中；若有一点儿私念或恶意，就取一颗黑豆投到中间的空容器中。晚上，把混合放了黑豆和白豆的容器中的豆子都倒出来数一数，以检验一天中的善念和私心杂念各有多少。做好这些准备后，赵叔平开始了他的善恶检验。

第一天过去了，赵叔平数了数倒出的白豆和黑豆，结果是黑豆多而白豆少，于是，他知道自己克己修养功夫还差得远，需要继续努力。

第二天晚上，赵叔平又数了数倒出的白豆和黑豆，仍然是黑豆多而白豆少，但与第一天相比，黑豆少了一个，白豆增加了一个。这是一个好的现象，说明自己在慢慢改变。赵叔平开始有点欣慰。

第三天，仍然是黑豆多白豆少，但和第二天比，黑豆又少了一个，白豆又增加了一个。又进了一步，赵叔平心中大喜。

就这样，天天检验，结果白豆一天比一天多。过了一段时间，白豆和黑豆一样多了。又过了一段时间，白豆多而黑豆少了。又过了一段时间，空容器中只有白豆而无黑豆了。

赵叔平的心中只有善意而无私心杂念了，这让赵叔平终于松了一口气。

赵叔平就是这样慎于独处，只要头脑中私心杂念一闪，就要立即去掉，永远使心地纯一为善，一辈子不做坏事。

■故事感悟

"慎独"是儒家的修身方法，就是要求即使是自己一个人独处时，也要时刻警醒自身，克制不该有的私心杂念。赵叔平"数豆正心"的故事就是慎独、自省、自律、克己的真实写照。一个人如果每天都能够反思自身的过错，然后加以修正，那么一定可以成为一个正直的人，一个有为的君子。

无比店

　　无比店是北宋东京著名的四大酒楼之一。它位于大内西古掖门至梁门大街上，其地原为北宋参知政事赵叔平的宅第。

　　赵叔平致仕回乡后，将在京宅第改建为酒店。因为酒店外表雄壮，内里装潢也很不错，生意十分的红火，当时没有别的酒家能够与之相比，所以当时的人们便称它为"无比店"。因而当时谚语就有"酒苑（赵）叔平无比店，洛中（李）君锡有巴楼"的说法。

"梨虽无主，我心有主"

许衡（1209—1281），字仲平，又称鲁斋先生，怀州河内（今河南沁阳）人，元代理学家、教育家。他曾任集贤大学士兼国子祭酒，领太史院事，为中央最高级的学官。他是元代三大理学家之一，也是中国13世纪杰出的思想家、教育家和天文历法学家。在思想、教育、历法、哲学、政治、文学、医学、历史、经济、数学、民俗等方面皆有颇深的造诣和卓越的建树，是我国元代一位百科全书式的通儒和学术大师。许衡及由其所产生的物质财富和精神财富的总和——许衡文化，愈来愈昭示出勃勃的生机。

宋朝末年，天下大乱，百姓因战乱而流离失所、背井离乡、四处逃难。许衡身背行囊、腰挎长剑，朝着通往河阳县的路上走着。他早听说，河阳县有一位很有学问的老者，他此番要去找这位老学者请教学问。

这时，正是三伏天，烈日炎炎，空中没一丝风。许衡在烈日下走得汗流浃背，口干舌燥，想找个地方乘凉，喝上一口水。可这里刚刚经过战火，四周无一人家，何处有水？

　　走着走着，他看见前面路边大树下，有几个人正在乘凉。他急忙赶过去，希望能讨口水喝。走上前一看，这几位是赶路的小商贩。一问才知，他们身上带的水也喝光了，因为无处找水喝，正在那里唉声叹气。

　　这时，远处跑来一个人，怀里捧着东西，边跑边大声喊着。商贩们站起身张望，原来是一起赶路的商贩刚才独自找水回来了。待他跑近，大家惊喜地发现，他怀里捧着的竟然是几个水灵灵的大梨。商贩们欢呼起来，一齐跑过去抢梨吃。

　　许衡也走上去问道："这梨是从哪儿买的？"

　　"买？"那个商贩哈哈大笑起来，"这地方的人都跑到山上避兵灾去了，连个人影也没有，哪里去买？"

　　"那你从哪儿弄来这好东西的？"商贩们边吃边好奇地问。

　　"我到那边村里转了一圈，连老鼠都找不到一个，水井都被当兵的用土给填上了。我正丧气时，忽然看见一家院子的墙头上露出一枝梨树枝，上面挂着几个大梨，我就摘了这些梨。那树上梨多着呢，我们一起去多摘些，带着路上吃！"

　　一听还有梨，商贩们兴奋起来，急忙收拾东西，准备去摘梨。

　　许衡插嘴问道："你说村里井都被填了吗？"

　　商贩说："是啊，当兵的见老百姓都跑光了，一气之下把井都填了，你甭想找到水喝！"许衡听了，叹了口气，默默地转身走了。

　　商贩们很奇怪，问："小伙子，你不和我们一起去摘梨吗？"

　　许衡说："梨树的主人不在，怎么能随便去摘呢？"

　　商贩们都笑起来，说："这兵荒马乱的日子，哪里还有主人呢？说不定主人已被打死了呢。"

　　许衡认真地回答说："梨树虽然无主，难道我们自己的心里也无主吗？不是自己的东西，我是绝不会去拿的。"

说完，许衡背起行囊，挎上剑，转身上了大路。

■故事感悟

"梨虽无主，我心有主"，这是许衡言明的志，也是他的心声。很多时候，做决定不是取决于外面的事物怎样，而是取决于它是否符合你的内心。不难看出，许衡是个能够慎独的君子，他的这种不吃无主之梨的高洁品行值得我们学习。

■文苑拾萃

《淮阳集》序

许从宣是许衡的孙子，即许师敬的第二子。根据《四库全书·别集类四·淮阳集》记载，时任中宪大夫、江南诸道行御史台治书侍御史的许从宣曾在元至正十年九月应邀为《淮阳集》诗集刻本作序，这个序受到了纪晓岚的赞扬。

序全文如下：

"曩者，天兵克季宋于崖山时，则实以元帅统师，爰振其武用，熠赵炽，勋劳之大，载在史册，藏之金匮，天下后世知其功高。

乃若词章之盛，人或不能尽知也。王之里人王氏尝以王之诗歌、乐府刻于其家敬义堂。虽特其仅存之稿，然，于是足以知王之词章为优为耳。盖王以事业之余，适其性情而聊以见之吟咏，往往托物感兴为多，而在于射猎击球之事者无几。况夫，雅韵清辞，雍容谐协，固非服介胄者之所能及。至其诸作，英气伟论，卓荦发扬，又岂拘拘律度之士所能道哉。

惟王世在名门，天资超迈，幼尝学于郝公，而友邓公，恒与钜儒学士大夫交，故属意文字为甚。王之子历事累朝，弼成文治，为世文臣。平生立朝，大节若汉之丙魏、唐之房杜，皆王所素教焉。今其曾孙旭为访求先世遗文，得敬义堂所刻。顾其集，犹王之旧谥题其首，欲重梓之，从宣因僭为之叙，以著王之，辞章只其余事，且使天下后世之人知。

至正十年庚寅九月吉日中宪大夫江南诸道行御史台治书侍御史许从宣谨叙。"

刘崧廉洁谨慎

刘崧（1321—1381），字子高，原名楚，号槎翁，元末明初文学家，江西泰和珠林（今属泰和塘洲镇）人，为江右诗派的代表人物，官至吏部尚书。卒年60岁，谥恭介。著有诗文集《槎翁集》《职方集》等。

刘崧家境一般，自幼努力向学，史载他七岁能诗。元至正十六年（1356年）中举。明洪武三年（1370年）举经明行修科，朱元璋在奉天殿召见，授兵部职方司郎中，奉命到镇江征粮。

镇江多功臣之田，租赋主要由普通百姓承担，刘崧力奏朝廷，才得以减免。随后改任北平按察司副使，当时推翻元朝统治不久，北平作为元朝的故都，管理难度大，他上任后，轻刑省事，招集流亡百姓恢复生产，并在学宫旁立文天祥祠激励世风，又立石碑昭示各府县不要以徭役繁累百姓。后因上奏减少宛平驿马之政，为宰相胡惟庸所忌，在一事中被坐罪贬官，不久被放回乡。

洪武十三年胡惟庸被诛后，刘崧被复用，拜为礼部侍郎，不久又升为吏部尚书。

当年发生了雷击谨身殿之事，朱元璋召集群臣论施政得失，刘崧答之以"修德行仁"。不久致仕，再次回乡。第二年三月，再被朱元璋征用，拜国子司业，赐鞍马，以朝夕晋见皇帝。当年六月，因病逝世。病发时，他还坚持教导学生。逝世前，国子祭酒李敬问他有何遗言，他没有一句话言及家事，只是回答说："天子派我教导国子监学生，希望我能成功，我却就要死了。"逝世后朱元璋亲自撰文祭奠他。

刘崧自幼博学，天性廉洁谨慎。他兄弟三人在泰和有一栋房子，五十亩田，刘崧升官后从来没有增加。一条布被用了十年，直到被鼠咬烂才换掉，但仍改成衣服给他的儿子穿。为官期间，从来都不带家眷相随，避免他人说三道四。赴北平任职时，仅带一书童，到了北平后，就把书童打发走了。刘崧始终保持着每日晚上读书的习惯。

■故事感悟

刘崧廉洁谨慎，不给别人造成任何口实，对自己的言行分外谨慎小心，但到该说话的时候，还是直言不讳。他的言行令人钦佩。

■史海撷英

刘崧的诗风

刘崧是明朝初年，江右诗派的代表人物之一，杨慎评论明朝的诗，认为他是第一。明史称其"善为诗，豫章人宗之为'西江派'云"。徐泰的《诗谈》里，称他"如冬岭孤松，老而愈秀"。胡应麟《诗薮》里称："当明之初，吴中诗派，昉于高启；越中诗派，昉于刘基；闽中诗派，昉于林鸿；岭南诗派，昉于孙蕡；而江右诗派，则昉于崧。"《四库全书总目提要》则称其"大抵以清和婉约之音，提导后进"。

刘崧的文学作品里，有许多描述泰和县的农耕、采樵、采矿、战争前后的环境等乡村景象。美国的汉学家甚至以他的作品为参考，复原了明初泰和县的居民点、土地使用情况以及风光景观。

■文苑拾萃

玉华山

（明）刘崧

翠献千峰合，丹崖一径通。
楼台上云气，草木动天风。
野旷行人外，江平落雁中。
伤心俯城郭，烟雨正冥蒙。

步 月

（明）刘崧

乘凉步月过西邻，草露霏微湿葛巾。
一径竹阴无犬吠，飞萤来往暗随人。

曹鼐不被色诱

曹鼐（1402—1449），北直隶宁晋（今河北宁晋县）人。字万钟，号恒山。曹利用的后裔。生于明建文四年，卒于明正统十四年。明宣宗宣德八年（1433年）癸丑科状元，初授修撰，累官至吏部左侍郎兼翰林学士，位至首辅。

曹鼐是曹利用的后裔。他少年时就为人特别豪爽，胸怀大志。不仅如此，他还聪颖好学，博览群书，能诗善文，下笔千言，而且常常是一挥而就。

明宣宗宣德年间，曹鼐依照当时的岁贡制度（明、清两代，一般每年或两三年，从府、州、县学中选送廪生升入国子监读书，因称岁贡），被任命为国子监学正（国子监所属学官，协助博士教学，并负训导之责）。

然而因为种种原因，他并没有赴任，而是被改任为泰和县负责缉捕和监狱等事的典史。虽然曹鼐志不在于此，但他还是服从任命，并在自己的位子上尽职尽责。

有一回，曹鼐因为追捕一帮专门打家劫舍的盗匪，而在驿亭偶然捕获一位貌美的女贼。当时夜色已晚，而且距县府的路途又远，无法将女贼及时押回县衙。再加上是在荒郊野外，所以也没有住宿的旅店。

于是曹鼐只得与女贼在周围寻找安身之处。最后，他们找到了荒野上的一座破庙，于是曹鼐便押着女贼来到了破庙中，准备暂住一晚，等天亮再回去。

女贼见夜深人静，再加上破庙中只有他们两个人，为求脱身，就准备以色相诱惑曹鼐。于是女贼便开始了百般诱惑甚至有意以身相许。

曹鼐见到这样的情景，不知如何是好。他思前想后，然后在心里告诉自己说："纯洁的女子难道可以轻易地侵犯吗？"于是取了一小张纸条，写下"曹鼐不可"四个字烧掉。

在这之后，整个夜里，他都内心清静，任凭女贼再怎么诱惑，他都不动丝毫邪念。

隔天早晨，天刚亮，曹鼐就立即把女子押回衙门。

■故事感悟

从故事中，足可以看出慎独之人的高洁情操。慎独是一种很高的境界，邪恶的意念，存在于自己的内心，别人无从知道。慎独是完全自觉地履行道德义务，是一种彻底的自律。事实上，很多人往往是在没有任何人的监督下禁不住诱惑，陷入玫瑰陷阱、黄金深渊而不能自拔。所以说，做事不能不小心谨慎，三思而行啊！

■史海撷英

曹鼐殉难

明宣宗宣德八年，曹鼐考中状元，时年31岁。曹鼐夺得天下第一之后，入了翰林院，负责修撰书籍工作。

英宗即位后，曹鼐担任"经筵讲官"，撰写完成《宣宗实录》后，晋升为"侍

讲"。正统六年（1441），又被宰相杨荣、杨士奇推荐，入值文渊阁，参与机务。

曹鼐为人"内刚外和，通达政体"，他为政清廉，一身正气，两袖清风。杨荣死后，因杨士奇经常有病而不能管理事务，内阁事务多由曹鼐负责处理。英宗也感觉到他很贤德，晋升他为吏部左侍郎兼翰林学士。但是，英宗头脑昏庸，重用奸佞王振，使其擅权。王振排斥异己、陷害忠良、压制百官，其利用权力聚敛金银达60多库，从此朝政逐渐下落，边防也随之空虚。

正统十四年（1449）七月，北方蒙古族瓦剌部首领也先，以明朝削减马价、拒绝求婚为借口，举兵入侵山西大同，王振竭力主张英宗"御驾亲征"，同时擅自调集大军。

曹鼐和兵部侍郎于谦认为，朝廷毫无准备，不能仓促亲征。但英宗不听劝谏，在王振的挟持下亲征。曹鼐等只好护拥着英宗随从，带领50万大军向大同进发。

时值北方雨季，道路泥泞，粮草运输没能及时跟上，去征战的兵士们已因缺少粮食饿死，僵尸满路，使军队失去战斗力。曹鼐等大臣一再劝阻，请英宗回兵，但都遭到王振的拒绝。结果，当兵抵大同时，遭到也先军队的突袭，明军大败。

这年八月，曹鼐在退回北京途经土木堡（今怀柔县东南）时，被敌军重重包围。在混战中，曹鼐不幸殉难，英宗也被瓦剌俘获，这就是历史上著名的"土木堡之变"。

■ 文苑拾萃

题扉面荷花

（明）曹鼐

玉井芙蓉红粉腮，何人移向月中栽。
高轩忽漫看图画，疑是昭阳镜里开。

叶存仁不收礼

叶存仁（1710—1764），字心一，号墨村。清朝湖北省武昌府江夏县人。监生出身，雍正年间的官员。曾担任过江苏铜山县知县、安徽按察使、浙江布政使、广西巡抚、刑部左侍郎、河东河道总督等职位。他为人克己奉公，以廉洁出名。以一句"不畏人知畏己知"来表明自己的心志而闻名，受到人们的赞扬。

叶存仁是清朝雍正年间的一个官员。

据《咸宁县志》载，他是一个奉公守法的人。平时对自己十分严格，为官十分公正廉洁。他一生在朝中为官30余年，甘于淡泊，毫不苟取。他的言行品格受到了当时人们的赞扬。

有一次，他在一个地方任期已满，准备迁到另一个地方做官。

就在他离任的前一天，原来和他在一起的僚属们就结伴派船前来，为他送行。因为平日里叶存仁的行事作风让人敬佩，所以大家都特别舍不得他。大家围坐在一起，一边喝着饯行酒，一边依依话别，回忆共事时候的美好时光。就这样，大家越说越动情，一时之间难舍难分。

众人一直聊到了夜深人静之时，方要离开。离开之时，其中一个僚属对他说："叶兄，我等就先行回去了。您再等一下，等下还有最后一只来送行的船。"

叶存仁听后有点纳闷，该来的送行人都来了，还会有谁呢？于是叶存仁回到自己的船中，耐心等待。过了不久，叶存仁终于看见一叶小舟朝他们这边划过来。

等船划到近处，叶存仁一看，船上载有许多大大小小包装精美的礼品。原来这是僚属们为他送来的离别礼物。但是为了避人耳目，所以特地到夜里才偷偷送过来。

他们以为叶存仁平时不受礼物是怕人看到，有损清誉，所以就等到了深夜才送来，他们觉得这次他肯定会收下。

谁料叶存仁见状，脸色骤然一变，摇了摇头说："你们还是不懂我啊！"然后马上命令随从备好文房四宝，书诗一首："月白清风夜半时，扁舟相送故迟迟。感君情重还君赠，不畏人知畏己知。"书毕，随即将僚属的馈赠原封退了回去。

□故事感悟

好一个自尊自爱、严于律己的叶存仁，好一句力重千钧、掷地有声的"不畏人知畏己知"，说出了人在钱财等考验面前，要从"畏人知"的被动、被迫和禁不起长期考验变成"畏己知"的主动、自觉和禁得起长期的考验。"不畏人知畏己知"，显示了一种"君子慎于独"的思想境界，是真正的自尊。一个真正懂得自尊的人，遇事就有了自觉性，就会在人生中做到自重、自律。这种自律不是做给外人看的，也不是被外人逼出来的，完全是出自内心的自觉自愿。

题南金慎独斋

（宋）陈天麟

圣道不可窜，探取随己欲。
平生所受用，政可一言足。
子思著中庸，暗室戒慎独。
危微恐惧心，此念施已熟。
学从西洛来，标傍相品目。
袖手看屋梁，表表知鸿鹄。
谁知胸中尘，往往盈斗斛。
及也而有知，宁不贻彼忸。
吴侯蚤作吏，未肯事边幅。
得妙自圣处，了不关世俗。
颇知幽隐中，日月所照烛。
不敢欺秋毫，高情洁冰玉。
愿言从君游，着鞭蹈前躅。

阮承信拾金不昧

阮承信（生卒年不详），江苏人。字得中，号湘圃。阮承信系国学生，修治《左氏春秋》，为古文大家。妻子林氏也出身于仕宦之家，通晓诗书，有修养。其儿子阮元是清代嘉庆、道光间名臣，同时是著作家、刊刻家、思想家，在经史、数学、天算、舆地、编纂、金石、校勘等方面都有着非常高的造诣，被尊为一代文宗。

清代著名学者阮元的父亲阮承信，虽然家境非常清贫，但为人正直，与人交往诚实守信。他这种洁身自好、守义明礼的好品德，使他在乡里邻间很有威望。

有一次，阮承信收到通知，要他到县城去取一封京城朋友的来信。这是他盼望已久的信，因为在这封信里，朋友给他介绍了京城的情况，并告诉他能否有进京学习机会的信息。

这天，他很早起来，打算去县城取信。在去渡口的路上，他一直在想能否进京的事，这对于他不仅是一个难得的机会，更重要的是，马上快到科考的日子了，如果这次能够去京城，是一举两得的事。因心里想着事，脚下便不自觉地加快了步伐，很快来到了进县城的必经渡口。

这时，阮承信才发现今天的自己有些好笑。通常，他都是悠闲地走着，赶到渡口时刚好赶上每天的第一班渡船，可今天，船上的艄公还在慢慢地收拾桨、舵和缆绳，正在做开船的准备。

他只好在渡口岸边走来走去，以消磨时间，耐心等待着开船。就在他闲逛的时候，忽然，脚下被一件东西绊了一下，他拨开草丛，发现是一个包裹。他摸了摸，似乎硬硬的，打开一看，原来里面有许多白银，还有一封公函。

此时，他向周围看了看，四下无人。顿时，他感到这件事的重要性，他想，丢失包裹的人一定十分焦急。可渡船马上就要起锚了，他想到"君子要急人所难，"于是，他决定在此等候。

整整一个上午过去了，没有人来寻找包裹。他看着渡口开往县城的船一艘一艘地离去又回来。到了下午，最后一班渡船也起锚开走了，仍不见有人来寻找丢失的包裹。

他有些失望，不但自己的事情没办成，也没能将包裹归还给失主，他边想边打算往回走，想明天再来等待失主。就在这时，他发现渡口不远处走来一个人，看那人在岸边的草丛中好像找什么东西，可一无所获后，感觉那人有些泄气的样子。只见那人两眼望着河水，显得有些失望，并开始向河中走去，看样子想投河自杀。

阮承信急忙把他叫住，问他什么事情这么想不开？那人回答说：自己是个差役，替上司送一封极为重要的信函到省城，没想到一时不慎，将装有路费和信函的包裹丢失在途中，估计是遗失在渡口，可是怎么也找不到。他觉得这样不仅连累了自己，还连累了上司，不如死了算了。

听了这人的话，阮承信把捡到的包裹递给了他。那人看着包

裹，禁不住流下眼泪，不知怎么感谢阮承信。但阮承信只是简单地叮嘱差役要小心一些，不要再遗失了包裹，说后便踱着方步回家了。

后来，阮承信的儿子阮元中了进士当了大官，一次督学浙中，巡察各地，来到了家乡附近，驻扎在绍兴。

这时，有一位本地的商人老朋友来拜访阮承信，阮承信以礼相待。朋友见面，寒暄叙旧过后，来人仿佛不经意地问：

"您还是那么清贫吗？"

阮承信哈哈一笑，豁然答道："我家本来就很贫寒嘛。"

老乡就势拿出两张纸说："这两张契约价值千金，就送给您老先生。贤侄已经在京中任职，怎么也不可以……"

没等那人说完，阮承信生气地说：

"我平生就以取不义之财为耻，所以才一辈子贫穷，你为何不吝千金，无故酬谢我呢？这是对我的羞辱！我的儿子受朝廷的恩惠，清正廉洁，还不能报答万分之一。如果你有什么事相托我儿子，你怎么能用这种手段来玷污他呢？如果你以礼相访，我也会以礼相待；如果你是来贿赂的，那你今天恐怕出不了我的门槛。"

那人听了这一番话后，只好悻悻地匆匆告辞。

■故事感悟

阮承信拾遗不昧，不收受不义之钱财，真可谓是真正有节操的君子。其实这也就是慎独的力量。正因为他能够慎独，所以不管有没有别人监督，都能忠于自己的良心，做出最正确的选择。

阮元的半山游情

阮元在杭州城主持政务12年，每到清明时节，他总要到郊外踏青，最喜欢去的就是远离尘嚣的半山（皋亭山）。他把半山比成绍兴的兰亭，在这里与一些文人学士一起饮酒吟诗。

嘉庆三年（1798）春天，杭州城接连下了20天的雨，待天一放晴，阮元邀好友陆耀遹、蒋徵蔚等人，坐着小船到半山看桃花。当船在半山桥靠岸后，半山一带的万树桃花绚烂夺目。他们在桃花丛中饮酒吟诗，直到远处传来隐隐的雷声，醉意方醒，才登舟返回。

嘉庆五年（1800），阮元升任浙江巡抚。这年的三月上巳日，阮元邀好友陈文述、吴文溥、孙韶、程邦宪、许珩、黄文旸等人，坐着画舫到半山，他们观赏桃花后又作画题诗，陈文述在《皋亭山修禊作图纪事》上，写了一首"迎眸山色一痕清，修禊人来画舫停；一种桃花与修竹，皋亭原不让兰亭"的诗句。

嘉庆八年（1803）闰二月，阮元到海宁一带检查海塘，返回时，特意从临平过半山看桃花。他屈指一算，这天是冬至后的第一百零二天，再过四天就是清明节了。他看到半山盛开的美丽桃花，以及漫山遍野黄灿灿的油菜花，随口吟出"江南江北花孰多，花多花少皆当歌，千红万紫不来看，花自春风人奈何"的诗句，以抒发对这大自然的美丽感慨，让人们不要辜负这大自然赐予的美好春光。

嘉庆九年（1804）春，阮元与侄子阮常生等人乘船出城，沿着桃红柳绿的河道，听着黄莺婉转的鸣叫，欣赏着在油菜花丛中翩翩飞舞的蝴蝶。当船行至石桥时，他走到桥上四处眺望，只见一朵五色彩云向半山方向飘去，他脱口而出：

春花何处来，消息甚轻捷；

一夜皋亭山，绿遍新柳叶。

第二年春季，半山的桃花又开了，阮元由于公事在身，不能亲赴一年一度的半山修禊之会，便托其弟阮亨邀同仁前往半山踏青观桃花，之后，大家都作诗给阮元看。

十年后的嘉庆二十年（1815）春三月，阮元已离杭赴他处任职，其弟阮亨仍然每年到半山来观桃修禊。当他来到佛日寺，寺僧出示《皋亭云隐图》给他看，阮亨看后赞不绝口。他在寺中小住数日，将自己和友人在半山观桃修禊所写的诗歌一首首地笔录下来，辑成《皋亭唱和集》，流传后世。

■文苑拾萃

吴兴杂诗

（清）阮元

交流四水抱城斜，散作千溪遍万家。

深处种菱浅种稻，不深不浅种荷花。

蔡璘不昧亡友财

蔡璘（生卒年不详），字勉旃。吴县人。因重视诺言，严于克己自省而闻名于世。

吴县有一个名蔡璘，字勉旃的人。他是一个很普通的人，在家以种田务农为生。虽然日子过得清苦，但他为人还是十分努力和乐观。

更重要的是，他还具有美好的品格。他重视诺言和责任，重视朋友之间的情谊。也正因为这样，邻里乡亲都特别愿意和他交好。

有一次，有一个朋友临时有急事外出，而家中没有人，因而担心家里的钱财会有危险。想到平日里和蔡勉旃交情好，而且他品行端正，所以就把家里的千两黄金交给蔡勉旃，让他代自己保管几天。因为比较匆忙，再加上对蔡勉旃比较信任，所以友人并没有立下任何字据。

但是天有不测风云，过了不久，蔡勉旃就得知他的朋友在外出时意外死了。听到这个消息，蔡勉旃难过得吃不下饭，一连几天都坐在门前回想他的朋友。突然，他想起来，家里还留着友人寄存的千两黄金。人走了，钱要还回去啊！

于是，蔡勉旃立马把朋友的儿子叫到自己家中来，对他说："孩子，你父亲生前在我这里寄存了千两黄金，现在他意外亡故，我把钱还给你吧。你要好好用这笔钱啊！"说着就要把千两黄金还给他。

他朋友的儿子听后，露出很吃惊的样子，怎么都不肯接受，连忙说道："哎呀！没有这样的事情吧，哪里有寄放千两黄金却不立字据的人？而且我的父亲从来没有告诉过我呀！"

蔡勉旃笑着说："孩子，字据是在心里的，不是在纸上。你的父亲把我当知己，所以不告诉你，但是我不能因此而把这个钱占为己有啊！"

最终蔡勉旃还是用车子把千两黄金送还给了亡友的儿子。

■ 故事感悟

千两黄金，一笔巨大的钱财，谁看了都会动心，再加上知道事情真相的人已经不在，这个时候，如果将其据为己有，是无人知晓的。但蔡勉旃却原物归还。字据是放在心里的，自己心中有杆秤啊。正所谓慎独心安，所以他选择慎独，选择对自己忠诚，这样的君子值得赞扬。

■ 史海撷英

《清稗类钞》的作者徐珂

徐珂（1869—1928），原名昌，字仲可，浙江杭县（今杭州市）人。1889年参加乡试，考中了举人。但从这以后，他在科举的道路上就始终没有再获得功名。

徐珂在学习传统文化之外，还非常关注新学。1895年，徐珂赴京参加会试时，曾参加过梁启超发起的呼吁变法的"公车上书"活动，后来又成为柳亚子、高旭等人在1909年首创的爱国文化团体"南社"的成员。

在这期间，徐珂为了维持生活，袁世凯在天津小站练兵时，他曾充当其幕僚，为将士讲解古书诗赋，但最终由于思想不合而离去。

梁启超教子慎独

梁启超（1873—1929），字卓如、任甫，号任公，别号饮冰室主人，广东省新会县人，人称梁新会。中国近代思想家、政治家、教育家、史学家、文学家，曾与老师康有为合作戊戌变法，后事败出逃。曾倡导文体改良的"诗界革命"和"小说界革命"，其著作合编为《饮冰室合集》。

梁启超在教育子女的过程中，一直遵守着这样一个原则：褒多于贬，以鼓励为主。孩子做人、做事、做学问有了成绩和长进，父母一般都会给予表扬和奖励，梁氏也不例外。

但是，梁启超对孩子的夸奖总是能够恰到好处并留有余地，从没有过分张扬或信口开河。而他给予孩子们的奖励，也同时是亲手写的字（包括格言、诗词、对联等），从来没有钱财之类的物质东西。

梁启超曾经根据谢国桢老师给梁家学生的成绩评分，奖给一子二女每人一副小对联，儿子思达因为成绩突出另加两幅字：一幅是篆体字"慎独"横幅，另一幅是隶体字"居处恭，轨事敬，与人忠"条幅。

思达兄妹将父亲的字作为座右铭，高悬室中，像用镜子照脸那样，天天"照心灵"，及时清洗心里的污物。

"居处恭，轨事敬，与人忠"，说的是日常举止要谨慎、恭敬有礼，办事要认真，待人要讲诚信。这几条都是中华民族传统美德的要素。梁启超用这些"字"作为奖励，完全是他"精神鼓励，寓教于奖"教育思想的体现。

现在，许多"望子成龙"的家长对孩子过分宠爱乃至溺爱，总是用物质的东西奖励孩子，好吃好穿好玩相待，甚至为子女滥用公物公权，而不是注重孩子的品德教育，结果孩子的行为修养和道德意识很差，子女不仅未能成"龙"，反而害己害国家。这种教子之道，实为害子之道、害人害社会之道，这与梁启超的教子之道完全背道而驰。

梁启超名满天下，曾做过司法总长、财政总长等高官，但他居官清廉，他教育子女"勿求做大官，唯求做大事"，要他们牢记孟子所说的："居天下之广居，立天下之正位，行天下之大道。得志，与民由之；不得志，独行其道。富贵不能淫，贫贱不能移，威武不能屈。此之谓大丈夫。"要求孩子，无论在什么样的情况下，都要严于克己，明白加强自身修养的重要性。

梁启超的后人们一直遵守这些教诲，当了官的人都是清官，从事治学的人都取得很丰硕的学术成果，都成为对国家对人民有益的、做出贡献的人才。

■故事感悟

慎独是一种高洁的品格，是一种修身的准则。能够慎独的人是君子，是拥有一种特殊的立身处事武器的人。他们能够问心无愧，从容面对各

种诱惑和挑战。梁启超作为一个思想与品格兼备的思想家、教育家，更懂得慎独的重要性，所以教育子女，使他们成为能够慎独的谦谦君子。

■史海撷英

梁启超的赋税思想

梁启超是戊戌变法领导人之一，是我国资产阶级维新派的著名宣传鼓动家。他主张赋税的征收必须以"便民"为原则，提出实行轻税、"平税"政策，反对国家与民争利的"固民所急而税"的做法。

梁启超指出："西人于民生日用必要之物，必豁免其税以便民。中国则乘民之急而重征之，如盐政之类是也。亦有西人良法美意，为便民而起，而中国视为助帑之计，行之而骚扰滋甚者，如今之邮政之类是也。"

梁启超还提出应仿效英国的办法，实行"平税"政策，便民利民而后求富强。他的这种观点，是把经济发展放在首位，财政税收放在其次的新思想，对当时中国资本主义工商业的发展具有积极意义。

梁启超觉得，公债也是一种赋税，所不同的是，"租税直接以赋之于现在，而公债则间接及赋之于将来"。他虽然承认公债对经济建设具有积极意义，认为公债虽然增加了后代的负担，但也的确有利于后代。

■文苑拾萃

水调歌头·甲午

（清）梁启超

拍碎双玉斗，慷慨一何多。
满腔都是血泪，无处著悲歌。

三百年来王气，满目山河依旧，人事竟如何？
百户尚牛酒，四塞已干戈。
千金剑，万言策，两蹉跎。
醉中呵壁自语，醒后一滂沱。
不恨年华去也，只恐少年心事，强半为消磨。
愿替众生病，稽首礼维摩。

第三篇
贵在持之以恒

曾子教儿慎始慎终

曾子（前505—前435），姓曾，名参，字子舆。春秋末期鲁国南武城（今山东省平邑县）人，儒家主要代表人物之一，孔子的弟子，世称"曾子"，"宗圣"。曾提出"吾日三省吾身"的修养方法，相传他著述有《大学》《孝经》等儒家经典，后世儒家尊他为"宗圣"。同时，他亦为《二十四孝》中"啮指痛心"的主角。在山东省济宁市嘉祥县南建有曾子庙、曾林（曾子墓）。

曾子是春秋末年鲁国南武城人，16岁拜孔子为师。他勤奋好学，颇得孔子真传。他积极推行儒家主张，传播儒家思想，可以说是孔子学说的主要继承人和传播者，在儒家文化中具有承上启下的重要地位。

曾子性情沉静，举止稳重，为人谨慎，待人谦恭，以孝著称。当时，齐国想聘请他在朝廷为官，但是，他为了在家孝敬父母而谢绝了。曾子提出"慎终、追远、民德归厚"的主张，意思是说，人应该慎重地办理父母的丧事，要虔诚地追念祖先，要注重人的道德修养。他提倡孔子的"吾日三省吾身"（我每天都要多次反省自己的

行为）的修养方法，他说："为人谋而不忠乎？与朋友交而不信乎？传不习乎？"他著述有《大学》《孝经》等儒家经典，后世儒家尊他为"宗圣"。

有一次，曾子生病，他的儿子们都很孝顺，听说父亲生病，放下手中的事情赶回家看望他。回到家中，看到躺在床上形容枯槁的曾子，两个儿子都十分难过。大儿子曾元抱着他的头，三儿子曾华抱住他的脚，失声痛哭。

曾子看着儿子们，艰难地开口说："我没有颜渊那样的才华，没有什么遗言告诫你们。虽然没什么才能，但仍要对你们说几句话。君子要务于实际。花儿多，果实少，天意如此；说得多，做得少，是一般人的常规。飞鸟认为山是最低的，所以把它的窝做到山顶上；鱼鳖认为渊是最浅的，因此在泥里穿洞。但它们还是会被人抓到，靠的是诱饵。君子假如能够不因利益损害自己，那么羞辱从哪里来呢？"

曾子缓了口气，继续说道："做官的人，官位一到手就懈怠下来了；生病的人病稍好了，就不注意，结果在快好的时候病又来了。你们要知道，祸产生于懈怠；有了妻子，对父母的孝心也就差了。能明白这四点，就要慎始慎终！你们一定要记住这个教训啊！"

儿子们听了这番话后，都含泪点头，表示一定遵从父亲的遗言行事，做一个慎始慎终的人。

■故事感悟

曾子，一代儒学大家，同时也是对儒家道德身体力行的典范。他用毕生精力致力于儒学的传播与发展，同时也在不断探索人生的真谛。临去世之前，他把自己悟到的道理告诉儿子，那就是"靡不有初鲜克有终"，教育儿子要慎始慎终。的确，有时候开始做得很好，但如果不保持下去，结果肯定会很糟。所以，不管做什么事情，都一定要慎始慎终，这样才不会有败绩。

曾子不受邑

曾子穿着破旧的衣裳在地里耕种。鲁国的国君派人来找他，封赠给他一座城镇作为"采邑"（赏地）。来人说："请用这座赏地的收入，把你的破旧衣服换下来。"

但是，曾子没有接受。

这样几次，曾子还是不肯接受。来人问："不是先生有求于国君，完全是国君愿意封赠给你的，你为什么不肯接受呢？"

曾子回答说："我听说过，接受了人家赠送的东西，就怕得罪人家；送给人家东西的人，免不了要流露出一些高傲。即使鲁君赠送我赏地，并没有对我表现出傲慢，但是，我还得处处小心，就怕得罪他呢！"

最后，曾子还是没有接受鲁国君王的封赏。

孔子知道了这件事，说："曾参的话是足以保全他的节操的。"

陆贾慎行一生

　　陆贾（约前240—前170），汉初楚人。西汉政治家、文学家、思想家，早年随刘邦平定天下，口才极佳，常出使诸侯。高祖死后，吕后擅权。陆贾参与诛灭诸吕、迎立文帝刘恒，出力颇多。文帝即位后，陆贾再次出使南越，劝说自称南越武帝的赵佗废去帝号，重新恢复与中原的臣属关系。在哲学上，他提出宇宙万物都是"天地相承，气感相应而成者"，反对神仙迷信思想，但也有圣人"承天诛恶"和天人感应的神秘思想。其著有《楚汉春秋》和《新语》等书。后人称《新语》开启贾谊、董仲舒的思想，成为汉代确立儒家思想统治地位的先声。

　　陆贾，早年曾随刘邦平定天下。他口才极佳，常出使诸侯国。陆贾一生的功业，都表现在他的辩才方面，他的身份大致相当于战国时期的策士。

　　早在战国时期，有学问的贫寒读书人几乎都是靠自己的一张嘴去游说诸侯，献计献策，从而换取自身的生存乃至荣华富贵，苏秦、张仪便是其中的佼佼者。

陆贾生活的年代，与战国纷争时期的局面已大不相同。战国时期七雄并立，游说一家不行还可能找到第二个买家，即使得罪了某个诸侯也没关系，只要逃到其他的国家，对方就拿你没办法。

秦末汉初，虽然政治斗争依旧，但天下之争却已然换成了楚、汉两个最大势力者之间的角逐。正所谓"成王败寇"，那时，一旦站错队伍，其下场之惨不难想象。

陆贾对此十分清楚，因而对于追随哪个君主的选择，他一直很小心。而且，在选择后的初期他也非常低调。虽然，他在楚汉相争时期就已经选定了跟随刘邦，但他的才能锋芒在刘邦得天下之前并没有什么明显的表现。

史书里提及他的能力表现只有两次，一是刘邦入咸阳之前的峣关之战前，他曾和郦食其一起，成功说服了秦朝守将与刘邦联合；二是刘邦曾派他游说项羽归还自己的父亲，但项羽没有答应。所以，从西汉建国以后陆贾才能的展现，可以推测出，陆贾在当时有明哲保身的意思。

高祖十一年（前196），陆贾奉命出使南越（今两广一带）。当时，南海尉赵佗趁秦末天下大乱时割据了南海、桂林、象郡（秦朝地方行政设置），占据了东南半壁河山，并且自立为南越武王。陆贾去后，运用雄辩之才，成功地说服赵佗臣属汉朝，立为南越王。这对于安定国内局势、沟通南越与中原地区的经济文化交流，起到了良好的作用。陆贾出使归来，被晋升为太中大夫。

汉高祖刘邦向来对文人不尊重，"竖儒"就是他对读书人的创造性称谓。面对这样一个皇帝，陆贾却在他面前经常提起《诗》《书》之类的话，作为一个长居在刘邦身边的人来说，他的确有点不太识相。于是，时常换来皇帝的斥责："我的一切都是从马背上获得的，关《诗》

《书》什么事！"

然而，陆贾却自有他的道理。他旁征博引，指出天下虽然能在马背上打下来，但是治天下必须在马背下，成功地说服了刘邦，最终使刘邦面有愧色地向他请教国家的长治久安之策。

据记载，陆贾曾写了12篇政治论文，每次在宫廷中读一篇，高祖皇帝都会高声喝彩，连太史公司马迁都十分佩服。陆贾的高明之处，在于他能够充分把握言论的时机，天下未定之前这些话他坚决不说，他的谨慎可见一斑。"马上打天下，下马治天下"这个提法，从此成为后世君王推崇的金科玉律。

刘邦死后，惠帝懦弱，政权实际上掌握在吕后手中。吕后在刘邦活着的时候受了不少委屈，她执政以后，开始有意培植娘家势力，企图取代刘氏天下。但她还是担心天下人的指责，因此对有辩才的大臣加意提防。

在这样险恶的环境下，谨慎小心的陆贾知道一些事不可为，他既没效愚忠而拼死进谏，也不贪恋高位，而是选择了急流勇退，称病辞官。这种知其不可则不为，拿得起放得下的姿态，确实无愧智者的本色。

然而，他人虽退出了政治斗争的漩涡，却依然密切关注着时局动态，等他觉得时机成熟的时候，又再度出山。

这次复出，他直接找到当时的朝臣领袖右丞相陈平，一番"天下安，注意相；天下危，注意将。将相和，则士豫附；士豫附，天下虽有变，则权不分。权不分，为社稷计，在两君掌握耳"的言辞下来，素以奇计闻名的陈平也为之叹服。

在陆贾的谋策下，右丞相陈平与太尉周勃联手，最终粉碎了拥吕团伙的阴谋，拥立了后来的汉文帝，陆贾又一次站在了胜利的一方。

这场胜利看似容易，其实体现了陆贾超群谨慎的政治智慧和精准的审时度势能力。当吕太后身体尚好时（惠帝执政和吕后专权时期），陆贾感觉到时机不够成熟，不能与之力争，便果断地选择急流勇退，成功地保全了自身。等到吕后年迈，陆贾看准诸吕才能有限，而且当时天下人心所向刘氏，因此他及时出击，在拥立刘氏后代的政治斗争中立下了大功。

儒家素有修、齐、治、平之道，陆贾以他的才华，不仅可以做到一言折服诸侯，一言安定社稷，一言确立治国方针，而且在处理家务事方面也颇有远见。在他称病辞官以后，他选择了田地肥沃的好畤地区安家。

对待五个儿子，陆贾也十分慎重。他不偏不倚，分别给予均等的财产让他们成家立业，有效避免了厚此薄彼可能造成的儿孙不孝。而且，他深知久住令人嫌的道理，而是在五个儿子家里轮流居住，一个儿子家里最多住10天，一年也最多在一家中住两次。

同时，他还给自己留下了后路，随身携带的宝剑、车骑、侍从，均价值不菲。陆贾声称，如果自己将来死在哪个儿子的家里，那个儿子不必为举办丧事发愁，只要好好料理了后事，那么这些昂贵的随身之物就作为补偿。这些做法极好地保全了儿子们的"孝道"，也可以避免自己老来遭到"刁难"的不快。

太史公读了陆贾的《新语》，承认他是"固当世之辩士"；班固把陆贾与郦食其、刘敬、叔孙通、朱建等人相比较之后，发出了"身名俱荣，其最优乎"的感慨。

《汉书》中，写到陆贾的最后一句是"陆生竟以寿终"。一个"竟"字，带有明显出乎意料的味道，因为那个时代，从事高官而能安养晚年的人实在不多。一个"竟"字可看作是对陆贾慎始慎终的行事，最终得以善终的一生的写照。

■故事感悟

古往今来，不知多少能人智士倒在变幻莫测的政治角斗场上。尤其是汉初，"狡兔死，走狗烹"，一大批随刘邦打天下的功臣名将纷纷身首异处。然而，陆贾竟然得以寿终，这不能不说是他善于审时度势、能够慎始慎终的结果。即使是离开官场，他仍然能够谨慎行事，想法持家，最后也收到了良好的效果。陆贾的精明真是非同一般啊！

■史海撷英

陆贾与《过秦论》

一般认为，汉以后，总结了秦亡的原因并有重要影响的是汉文帝时期的贾谊。贾谊的一篇《过秦论》，不但使他赢得了巨大的声誉，而且还给人造成一个误解：似乎认真总结秦亡天下原因的只有贾谊，是贾谊率先看到了隐藏在盛世之下的危机。其实，远在贾谊之前，陆贾就对这一问题做过深入的研究。

陆贾在所著的《新语》12篇中，多次谈到秦失天下的原因。如他在《新语·道基》中指出："桓公尚德以霸，秦二世尚刑而亡，故虐行则怨积，德布则功兴。"又在《新语·辅政》中说："尧以仁义为巢，舜以禹、稷、契为杖，故高而益安，动而益固……秦以刑罚为巢，故有覆巢破卵之患；以赵高、李斯为杖，故有倾仆跌伤之祸。"

这类言辞在《新语》中很多。可以说，关注秦亡天下，并从中引出经验教训的是陆贾《新语》的重要内容。

汉得到天下之后，全国上下一片欢腾。这时，陆贾却率先看到了隐藏在歌舞背后的危机，以其思想的前瞻性，向沉浸在胜利之中沾沾自喜的刘邦进言。

陆贾的劝谏，对于维护两汉400年的基业起了很大的作用。陆贾提出的问题，是汉一代的统治者急需解决的问题，因此，他提出的问题能够引起当权者的高度重视。换言之，陆贾的思想的先行性和敏锐性，使他成为汉初最富有思想的先锋人物，正是他开启了贾山、贾谊后来以秦喻治乱之理的先河。

■ 文苑拾萃

送裴二十端公使岭南

（唐）刘长卿

苍梧万里路，空见白云来。
远国知何在，怜君去未回。
桂林无叶落，梅岭自花开。
陆贾千年后，谁看朝汉台。

赵彦深为官善始善终

赵彦深（507—576），原名隐，字彦深，因避神武帝六世祖讳，以字行。北齐时人。原是南阳宛（今河南南阳）人，后来搬家到平原（今山东平原），所以又称为平原人。历仕魏、齐二朝，在齐历仕数帝，参与机近，累官至拜司空、司徒。封爵安乐公，进封宜阳王。他的一生以谨慎著称。

赵彦深是南阳宛人，自幼丧父，家境贫寒，他对母亲十分孝顺。10岁时，随人去探望司徒崔光，崔光对宾客们说："古代人看眼睛就能知道一个人，这个孩子将来前程一定远大。"

赵彦深天性聪明敏捷，善于书写和计算，安闲乐道，不乱交朋友，向来为人们所叹服。每天拂晓时，他就起来打扫门外，不让别人看见，这已经成为一个习惯。

成人之后进入官府，刚开始，赵彦深只是尚书令司马子如家一个地位低微的宾客，帮司马子如干些书写之事。神武帝高欢在晋阳时，寻找担当"二史"之职的人，司马子如推举了赵彦深。赵彦深被征补为大丞相功曹参军，专门掌管国家机密大事。当时，许多文章词句大多出自他的笔下，人们称他聪明伶俐。高欢经常对司徒孙腾说："赵彦深小心恭敬、谨慎，万古之人很难和他相比。"

神武帝高欢死后，秘不发丧。高澄担心河南有变，要亲自去巡抚，于是把宫中的事委托给赵彦深，提升他为大行台都官郎中。临出发时，高澄握着赵彦深的手哭泣着说："母弟族的事情都托付给你，很幸运有像你这样的人（来辅佐我）。"

后来，宫廷内外一片安宁，没发生任何骚乱，靠的全是赵彦深的把控。高澄从河南视察返回发丧，对赵彦深大加褒扬和赞美，于是，封赵彦深为安国县伯。

有一次，高澄出征颍川，引水攻城，城墙即将被水淹没了，而西魏守城大将王思政仍不投降而想死战。于是，高澄命赵彦深一人入城劝降王思政，由于赵彦深的劝说，当天，颍川城就放弃了抵抗，赵彦深与王思政牵手走出城门。

文宣帝高洋即位，赵彦深仍掌管国家机密，并进爵为侯。天保初年，升至秘书监。因为他的忠诚和谨慎，文宣帝每次到郊外祭庙时，都让赵彦深兼任太仆卿，骑马陪着皇帝。文宣帝有时外出巡游，赵彦深就辅佐太子。

由于他对后宫之事了解很多，文宣帝下诏慰劳和劝勉他，让他一直典掌机密。河清元年，晋爵为安乐公，次年升迁至尚书左仆射、齐州大中正、监国史，又升尚书令，作为特殊的升迁，被封为宣阳王。武平二年，拜为司空，后因被祖珽离间，出任西兖州刺史。四年，征为司空，转升司徒。武平七年六月，因暴病而死，享年70岁。

赵彦深经历了几个帝王，经常参与国家重要决策。他性情温和而谨慎，喜怒不形于色。每个帝王对他都很尊重，每次召见，就让他坐在皇帝的床上，皇帝常称他的官号而不直叫其名。凡是各种选举，他总要先

加铨选，然后再确定。

高演执掌朝政后，群臣多次劝他即位，而只有赵彦深不进言。高演对王晞说："如果说许多人都称天下有归，为什么不见赵彦深有话？"

王晞把这话告诉了赵彦深，他迫不得已，向高演说了自己的意见。赵彦深在当时已被如此看重。

赵彦深平日说话十分谦逊，行为也很恭敬，接人待物从不骄傲视人。正因他这样言行，所以，北齐的宰相中能善始善终的只有赵彦深一个人。

□故事感悟

但凡能够善始善终的人，必定会是个一生做人行事慎始慎终的人。赵彦深从小就小心谨慎，慎于言行，不乱交朋友，到其入仕，依旧自我约束，谨言慎行。正因为如此，他才没有给人落下把柄，也才能安然善终。慎始慎终，是聪明人的一种处世哲学，同时也是一种值得我们学习的智慧。

□史海撷英

赵彦深不忘母教

赵彦深的母亲傅氏，是一位很有节操且见识深远的女性。

赵彦深刚刚三岁的时候，父亲就去世了，母子二人生活十分艰难。家族中有人看不下去了，就劝傅氏趁着还年轻，赶紧改嫁。但是傅氏从来不理会，依然带着赵彦深艰难度日。

赵彦深五岁时，傅氏对他说："家境贫寒你又还小，拿什么过日子呢？我是不会丢弃你的，但是你要记住，人穷志不短，只要有志气，总会有出路的。"赵彦深哭着说："如果上天可怜我们，儿子长大后一定报答母恩。"

赵彦深一直记着母亲的话，心存志向，努力上进，终于有一番成就。到赵彦深被任命为太常卿那一天，他回到家中，不脱朝服，先到里屋去见母亲，跪着陈说幼小丧父，受母亲教训才能够有今天。

　　母子相对哭了很久，然后赵彦深才改穿常服。后来，傅氏因为有德行而被封为宜阳国太妃。

■文苑拾萃

贤者之孝二百四十首·赵隐

（宋）林同

至今说花县，当日奉潘舆。
未必若赵母，回班候起居。

袁聿修为官清廉

袁聿修（511—582），字叔德，陈郡阳夏（今河南太康）人。北魏中书令袁翻之子，过继给叔父袁跃。性深沉有鉴识，清净寡欲，与世无争，九岁时被州里辟署为主簿，深受尚书崔休赏识。天保初，任太子庶子，代理博陵太守。东魏孝静帝武定末，任太子中舍人。官至吏部尚书，在官廉洁奉公，被称为"清郎""清卿"。开皇二年（582）卒于熊州刺史任上。

南北朝时期，北齐有一个大臣叫袁聿修，字叔德，为人性格深沉，见识卓越。

北齐文宣帝天保八年（557），袁聿修任太常少卿。不久，又任骠骑大将军兼御史中丞。

这期间，他的部下行为不轨，袁聿修犯有知而不报的过错，被免去了御史中丞的职务。不久，又被任为秘书监。后来，又任吏部尚书等职。

袁聿修在尚书省任职十年，未曾接受一升酒的馈赠。尚书邢劭与袁聿修是老友，每当在官署中开玩笑时，常把袁聿修呼作"清郎"。意思是说，袁聿修不接受馈赠，是一个清廉的君子。

北齐武成帝（高湛）太宁初年（561—562），袁聿修以太常少卿的身份外出视察，负责考核官员的政绩和过失。

他来到兖州，当时正值邢劭任兖州刺史。

离开时，邢劭派人给袁聿修送去一些白色的粗绸，以表心意。袁聿修退回粗绸，不肯接受，还给邢劭写了一封信，客客气气地说："今日我恭敬地路过兖州，有特殊的任务在身，与平时不同，凡事需要检点。瓜田李下，容易遭到嫌疑，古人向来对此就很慎重。流言可畏，像江河洪水一样难以提防。请您理解我的一片苦心，不要过多地责备我。"

邢劭欣然领会其意，给袁聿修回了一封信，写道："那天赠给您粗绸，没有经过仔细考虑，老夫我稀里糊涂，没有想到这一层。敬接您的旨意，我没有什么不愉快的。老弟您过去是清郎，如今又做清卿了。您始终如一，真可谓是慎始慎终啊！"

■故事感悟

人的欲望是没有止境的，要顶住诱惑，必须防微杜渐。没有"小"，就不会有"大"，大错误都是由小错误开始的。小错误犹如癌细胞，在灵魂深处潜伏下来，埋下祸根，如不及早对症医治，就会渐渐危及全身。所谓：贪如火不遏则燎原、欲如水不遏则滔天。袁聿修任职10年，未曾接受一升酒的馈赠，这是何等不易之事，从中可以看出袁聿修的清廉。往深一点说，其实就是他的"慎"在引导他这样做。"慎"，教会他小心、诚心、正心，不管在什么时候都始终如一，慎始慎终，这样才能真正仰不愧于天，俯不怍于地。

■ 史海撷英

袁聿修重情义

袁聿修自幼性情平和温顺，在士族高门子弟中是最有规矩的。他以名门之子的身份，历任北齐、东魏、隋朝的重要官职。当时名士们都赏识他，称赞他的风采和见识。

他在郎署任职时，正好赵彦深为水部郎中，两人同在一院工作，而又志趣相投，于是结为朋友。后来，赵彦深遭到诬陷被遣放回家，由于长期无人拜访，大门口都长了杂草。但是，只有袁聿修念及交情，不顾别人的闲言碎语，依然常到赵彦深家探访往来。

袁聿修无愧为一个德才兼备的人，官至吏部尚书。

■ 文苑拾萃

拒礼诗

（明）况钟

清风两袖朝天去，不带江南一寸棉。
惭愧士民相饯送，马前洒泪注如泉。

"新鞋踩泥"的启迪

王廷相（1474—1544），字子衡，号浚川，谥肃敏。明代著名文学家、哲学家。王廷相自幼聪慧，文才显现。弘治八年（1495）乡试中举。王廷相对经术很有研究，对一些经学家尤其对理学家的论点提出了许多批评，发表了他的独到见解。他对自然科学也很有研究，对天文学、地理学也都曾有贡献。他对农学方面有所论列，对音律学也有著述。

王廷相是中国明代思想家、教育家，字子衡，河南仪封人。进士出身，做过几任地方官，在京畿、四川、山东总领过学校职务，最高做过兵部尚书。他富有正义感，不畏权势，敢于批评时政。

在王廷相担任督察院长官之职时，新上任的御史张瀚曾前来拜访他。

张瀚，字子文，明仁和人，嘉靖十四年进士。后来他辞归故里，把平生所见所闻著录成《松窗梦语》卷，记载了明代经济、社会、文化、民情风俗等方面的资料，对研究明代社会经济、商业贸易有重要参考价值。

王廷相是一个正直善良、乐于提携后辈的人，所以他热情地接见了张瀚。在与张瀚进行了一番交谈之后，他觉得张瀚是一个可造之才。

于是他就对张瀚说："我昨天乘轿进城去办事，但是不凑巧遇到了下雨天。有一个穿了双新鞋的轿夫，一开始很小心地循着干净的地方落脚，生怕脏了自己的新鞋。但是，后来他一不小心，踩在了泥潭里。鞋脏了，他便不再珍惜。这以后，他便不再顾惜什么了，不管遇到什么路都踩下去。"

话讲到这里，王廷相停了下来，拿起桌子旁边的茶杯，喝了一口茶，笑着看了一眼张瀚。此时，张瀚正向前躬着身子，一脸虔诚地等着他的下文。

王廷相放下手中的茶杯，引申道："其实，做人和为官的道理也和这个事情所体现出的道理一样。开始会很小心，但是一旦失足，那么就会放松一切，后果是不可想象的。所以，不能不慎重地对待开始啊！"

王廷相说得言辞恳切，张瀚连忙站起来，朝他鞠了一躬说："我明白了。您今天的话我将铭记终身！"

就这样，在未来为官的日子里，张瀚一直慎始慎终，不敢有丝毫的放松，不仅官至吏部尚书，而且成为一个口碑颇佳的清官。

□故事感悟

"新鞋踩泥"的故事告诫人们慎初、慎始的重要。古人云："祸患常积于忽微""不以恶小而为之"，防止腐败要从初始防起，否则受"破罐子破摔"心理的支配，有了第一次，接下来就会有多次。日积月累，积少成多，必然积重难返。正所谓"一念之欲不能制，而祸流于滔天"。慎始不易，慎终更难。要实现人生的善始善终，就要把握住自己，不以物惑，不以情移，抑制内心的浮躁，保持理性的人生，常思贪欲之害，常怀律己之心，常修为政之德，迈好人生的每一步，才能让生命得以舒展、心灵获得滋养，无怨无悔地享受清廉人生。

■史海撷英

刚正不阿的王廷相

王廷相在漫长的政治生涯中，以忠于操守、刚正不阿而闻名。由于对宦官专权的不满，他多次与之展开正面交锋。

正德三年（1508），宦官刘瑾将王廷相贬为亳州判官，不久又移任高淳知县。面对迫害，王廷相毫无畏惧，处之泰然。

后来，作为御史出按陕西时，王廷相与镇守西北的宦官廖鹏做了针锋相对的斗争。视学北畿时，又有两个宦官纳贿，干涉学政，王廷相便把与其勾结的投书使者拉到大庭广众面前，当众焚毁其书信。于是，廖鹏和这两个宦官联手对王廷相谗言诬陷，把王廷相逮捕下狱，后来又贬为赣榆县丞。

两年后，即正德十一年，王廷相又改任宁国知县，之后的五六年间，王廷相历任松江府同知、四川提学佥事、山东提学副使等职。一直到明武宗死后，王廷相才重新被提拔为湖广按察使、山东右布政使。

王廷相除了反对宦官，对行贪污受贿的宰相严嵩、张璁等人也是极为愤恨，做出了公然抨击。

嘉靖时，严嵩秉政，贿赂公行，众官员皆闭口不敢言，只有王廷相挺身而起，上书皇帝予以揭露和抨击，他上书道："先朝受贿者暮夜而行，潜灭其迹，犹恐人知；今也纳贿受赂，公行无忌。大臣贪浊而日在高位，则小臣将无不唯利是图。由今之道而不变其俗，则民穷盗起，而国事日非。"他将反腐败作为整顿纲纪朝政的头等大事，可谓是有胆有识。